メンテナンス ログブック

_____

母港 _____

開始日 _____

完了日 _____

メンテナンス ログブック

マリンディーゼルツインエンジン搭載

著作とイラストはDennison Berwick（デニソン・バーウィック）氏による
翻訳は村瀬　駿(むらせ　すすむ)氏による。

Marine Diesel Basics シリーズの姉妹書

第1版 2023年

ペーパーバック	メンテナンス ログブック - シングルエンジン	ISBN 978-1-990755-25-5
	メンテナンス ログブック - ツインエンジン	ISBN 978-1-990755-19-4
ハードカバー	メンテナンス ログブック - シングルエンジン	ISBN 978-1-990755-27-9
	メンテナンス ログブック - ツインエンジン	ISBN 978-1-990755-23-1
スパイラル製本	メンテナンス ログブック - シングルエンジン	ISBN 978-1-990755-28-6
	メンテナンス ログブック - ツインエンジン	ISBN 978-1-990755-24-8

iPadおよびタブレットで入手可能なMaintenance eLogbook（「書き込み形式」pdf版）－
www.marinedieselbasics.com（英語版のみ）からクリックして編集してください。

免責事項:

本書のすべての情報が正確であることを確認し、再確認するために、細心の注意を払いました。ただし、船舶の種類や年数によって、機器デザインやモデル、設置や状態は大きく異なります。著者および発行者は、本書の情報またはアドバイスに基づいて、またはそれらに触発されて取られた行動に起因する人身傷害、物的損害、またはその他のあらゆる種類の損失について、一切の責任を負いません。作業を開始する前に、機器と手順を確実に理解しておいてください。不明な場合は、専門の船舶整備士にお問い合わせください。本書を使用することは、この免責事項に同意したことを意味します。

謝辞

Arie Agniyadis、*Mark Bryant*、*Peter Jarrett*、*Denbigh Patton*、*Simone Pertuiset*、*Michele Pippen*、*Andy Robinson*各位をはじめとする、この*Maintenance Logbook*のすべての資料のデザイン、作成、検証に協力していただいたすべての方々に心から厚くお礼申し上げます。綿密な翻訳に努力された村瀬　駿氏に感謝いたします。

そして、*Ed Hill (*エドヒル)提督とタンザニアのタンガヨットクラブのメンバーとスタッフの歓迎とおもてなしに心から厚くお礼申し上げます。
Dennison Berwick

Voyage Press

7B Pleasant Boulevard, Unit #1045
Toronto, Ontario Canada M4T 1K2

www.marinedieselbasics.com

この Logbook は以下の姉妹書

Marine Diesel Basics 1

第2版

基本的なメンテナンス（保守・整備）、レイアップ（航行休止）、リコミッション（再就航）作業のすべてを完成させる方法を示しています。

- 350枚以上の簡単で明瞭な図面
- 64項目のメンテナンス作業
- 66項目の冬期装備/レイアップ作業
- 53項目のリコミッション作業

- 222項目　• 完全な索引
- ペーパーバック、ハードカバー、スパイラル製本、eブック
- US$17.99ペーパーバック、$11.99　eブック
- 9,000部以上販売

「....... このテーマに関して私が今まで見てきた中で最高のガイド、この本はディーゼル装備のすべてのボートに備えるべきです。」
Sail Magazine

「.......　その指示がシンプルで　ビジュアルであるため、エンジンルームでもっと手で触って直接作業をしたいと思っている人にとって大きな資産です**.......**そのイラストが明瞭であるためディーゼルエンジンの初心者にとっても不可欠な資料です**......**私は強くお勧めします。」
Good Old Boal

「著者の優れたイラスト（**300**図以上）によりテキストは非常に理解し易いです。定期メンテナンス、トラブルシューティング、レイアップ、リコミッショニングのすべてのステップがカバーされています。　私は特にこの本の構成が気に入っています「**.......** 大いに推奨されます。」
Australian Sailing

オンラインおよび書店で入手可能です
- 航海海事関係書店
- 雑貨店、船舶用品店

- Amazon　• Kindle
- iBooks　• GooglePlay　• Kobo

www.marinedieselbasics.com　からも入手可能です。

MDB ブックストア

目次

目次

図面リスト

メンテナンス ログブックへようこそ

このログブックは、ユーザーが船舶用ディーゼルシステムのすべての部分を容易にメンテするのに役立つように設計されています。

図面 － 重要な点検と構成部品の**40以上**の図面。完全なリスト（**vi**頁）を参照してください。

インベントリー － メンテナンスを容易にするために、品番と型番を－箇所にまとめておきます（例：燃料フィルター番号、バッテリーの設置日、プロペラのサイズと回転など。）

メンテナンススケジュール － 毎日、毎週、毎月などの基本的なメンテナンス作業のチェックリスト。作業が行われたらチェックを入れて、次の整備日付を記入してください。

点検 － 明瞭な図面は、点検を行う際に何を探すべきかを示してくれます － ベルト、インペラー、オイルレベルゲージ、プロペラなど。完全なリスト（**46**頁）を参照してください。

ログブック － システムのすべての部分で行われたすべての業務の完全な記録を残します － 何を、誰が、いつおよびフォローアップ。

まとめ － 重要な作業がログブック頁から漏れていないことを確認します。

はじめに

特定の作業、例えばオイル交換、インペラー交換などに関するまとめ頁。

防食アノードはどのくらいの頻度で交換されますか？ 頻度は変わりましたか？

度量衡と換算 － **14**の重要な度量衡単位：メトリックとインチ相当サイズ、ドリル穴、タップサイズのための算式と使いやすい表。

索引 － このログブックのすべてトピックの完全な索引

メンテナンスログブックを備えることの価値

メンテナンスログブックを備えることは、ボート上のすべての機械設備の健全性と長寿命を確保するための最も簡単で最も重要な方法の１つであります。より包括的でかつ詳細であるほど、ログブックは時間の経過とともにより有用になります。あなたのログブックはこれらの重要な機能を発揮します。

1. 何が、いつ、誰によって行われたかの記録。オイルとフィルターの交換など － 定期的、日常的メンテナンス（点検・整備）－ 信頼性の高い船舶用ディーゼルシステムの基盤です：
- トラブルシューティングは、多くの場合、実行された直近の作業に戻ることから始まり、何かが見落とされていないかどうかを確認します

2. メーカー、モデル、シリアル番号 － すべての情報を箇所にまとめて簡単にアクセスできる場所に保管します：
- 予備品などの正しい注文は、正確なモデルとシリアル番号を持っているかどうかに依存します

3. 潜在的な問題の早期観察 － 多くの問題はゆっくりと進行し、多くの場合、早期に発見されれば容易に修正できます：
- 詳細なメモは、ステップバイステップのトラブルシューティング にとって実用的補助になります

4. エンジンとシステムのパフォーマンスの記録 － 簡単なメモをとることでマリンディーゼルシステムのすべての側面の意識が向上します：
- 何が「正常」であるかを知ることは、潜在的な問題の早期発見に役立ちます

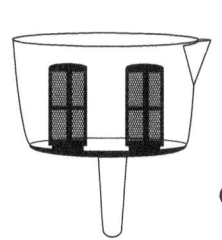

フィルター漏斗を使用して事前濾過してタンク内に水と汚れが入らないようにします

トップオープン型ストレーナーを使用するとフィルターバスケットのクリーニングがより容易になります。Oリングが漏れた場合、空気が原水ポンプに吸い込まれます

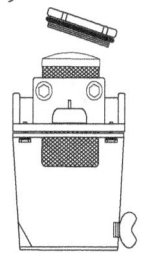

船舶情報

船舶のメーカーとモデル _____

_____ 建造年 _____

全長（LOA）_____ 船体番号 _____

喫水 _____水面上高さ _____ 船幅 _____

ライセンス/登録番号 _____ 更新 _____

ログブックの保管場所 _____ 紙 ◯ pdf ◯

MMSI (海上移動業務識別コード) _____ コールサイン _____

保険会社 _____

住所 _____

電話 _____

Eメール _____

保険証券番号 _____ 更新日 _____

所在地 _____ 紙 ◯ pdf ◯

メモ _____

連絡先の詳細 － ボートヤード、マリーナとメカニクス _____

名称/住所 _____

電話 _____

Eメール _____

名称/住所 _____

電話 _____

Eメール _____

名称/住所 _____

電話 _____

Eメール _____

ディーゼルシステムインベントリー

左舷エンジン

メーカーとモデル _____ 年 _____

シリアル番号 _____ 出力（馬力、キロワット _____ 気筒数 ____

定格銘板の取付場所 _____

エンジン運転時間 _____ 日付 _____

回転 _____ オーバーホール/再組立て _____

エンジンマウント　　メーカーとサイズ _____ 据付け日 _____

エンジンマニュアル　オペレーター ☐　　スペアパーツ ☐

　　　　　　　　　　ワークショップ ☐　　紙 ☐ pdf ☐

マニュアルの完全リスト（33頁）を参照してください

インベントリー

右舷エンジン

メーカーとモデル _____ 年 _____

シリアル番号 _____ 出力（馬力、キロワット _____ 気筒数 ____

定格銘板の取付場所 _____

エンジン運転時間 _____ 日付 _____

回転 _____ オーバーホール/再組立て _____

エンジンマウント　　メーカーとサイズ _____ 据付け日 _____

エンジンマニュアル　オペレーター ☐　　スペアパーツ ☐　　ワークショップ ☐

　　　　　　　　　　　　　　　　　　　　　　　　紙 ☐ pdf ☐

すべてのシーコック − エンジン冷却、キッチンなどの設置場所

設置場所

- 燃料タンク
- デッキ上給油金物
- 燃料ベント
- 燃料ホース
- シャットオフバルブ
- 燃料計の配線

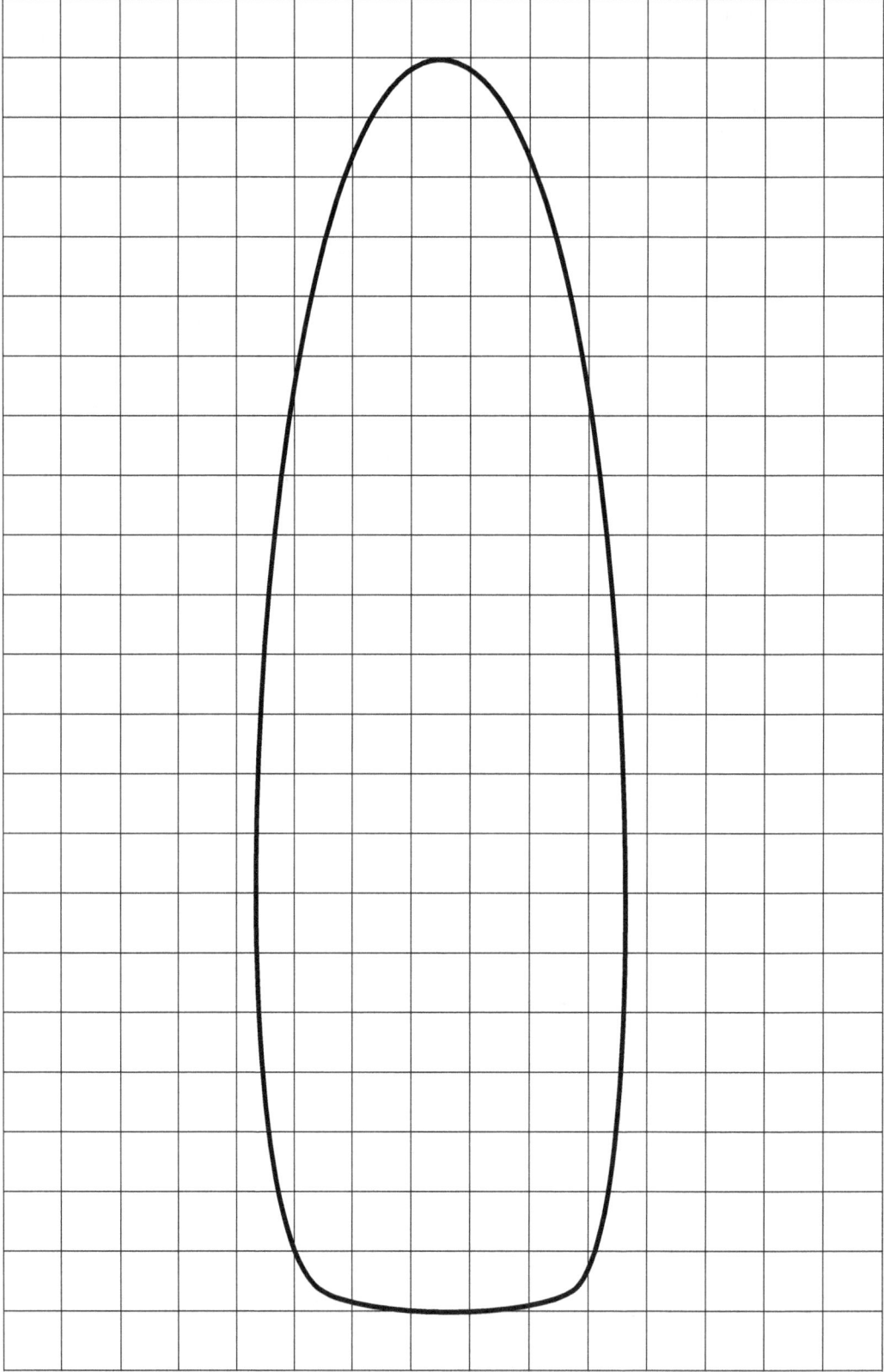

ディーゼル燃料タンク

タンク数 _____ 合計容量 _____ リットル

#1 燃料タンク _____ 容量 _____ リットル

構成材料 _____ 製造年 _____

修理 _____

燃料タンク用ホースの直径と敷設年	充填ホース _____ mm	供給ホース _____ mm
	ベントホース _____ mm	戻りホース _____ mm

燃料バルブの位置を特定する

タンク間のバルブを閉じる

燃料バルブの位置を知ることは、ホースが故障した場合のフラッディングを防ぐのに役立ちます

インベントリー

#2 燃料タンク _____ 容量 _____ リットル

構成材料 _____ 製造年 _____

修理 _____

燃料タンク用ホースの直径と敷設年	充填ホース _____ mm	供給ホース _____ mm
	ベントホース _____ mm	戻りホース _____ mm

#3 燃料タンク _____ 容量 _____ リットル

構成材料 _____ 製造年 _____

修理 _____

燃料タンク用ホースの直径と敷設年	充填ホース _____ mm	供給ホース _____ mm
	ベントホース _____ mm	戻りホース _____ mm

ディーゼル燃料フィルター

左舷エンジン

一次燃料フィルター メーカーとモデル _____

エレメント品番 _____ ミクロンサイズ _____

メモ _____

右舷エンジン

一次燃料フィルター メーカーとモデル _____

エレメント品番 _____ ミクロンサイズ _____

メモ _____

ディーゼル燃料から自由水やごみを除去することを目的とした 一次燃料フィルターの5つのデザイン

左舷エンジン

二次燃料フィルター　メーカーとモデル _____

エレメント品番 _____ ミクロンサイズ _____

メモ _____

右舷エンジン

二次燃料フィルター　メーカーとモデル _____

エレメント品番 _____ ミクロンサイズ _____

メモ _____

エンジントランスファー/リフトポンプとインジェクションポンプ

左舷エンジン

燃料ポンプ　　エンジン駆動 ☐　　　電気 ☐　　　補助燃料ポンプ　　非装備 ☐

　　　　　　　　　　　　　　　　　　　　　　　　　　　　　　　　　装備 ☐

品番 _____

インジェクションポンプのメーカーとモデル _____

燃料噴射のタイプ

　　　　　　　機械式　−　インライン ☐　　　　電子式　−　コモンレール ☐

　　　　機械式　−　ディストリビュータ ☐　　　　電子式　−　ロータリー ☐
　　　　　　　　　　　　　　　　　　　　　　　　　　ディストリビュータ

インジェクションポ　　はい ☐　いいえ ☐　保管場所 _____
ンプのマニュアル

メモ _____

インベントリー

右舷エンジン

燃料ポンプ　　エンジン駆動 ☐　　　電気 ☐　　　補助燃料ポンプ　　非装備 ☐

　　　　　　　　　　　　　　　　　　　　　　　　　　　　　　　　　装備 ☐

品番 _____

インジェクションポンプのメーカーとモデル _____

燃料噴射のタイプ

　　　　　　　機械式　−　インライン ☐　　　　電子式　−　コモンレール ☐

　　　　機械式　−　ディストリビュータ ☐　　　　電子式　−　ロータリー ☐
　　　　　　　　　　　　　　　　　　　　　　　　　　ディストリビュータ

インジェクションポ　　はい ☐　いいえ ☐　保管場所 _____
ンプのマニュアル

メモ _____

ミクロンサイズ: 小さいとはどのくらい小さいか?

一次燃料フィルターのごみは小さすぎて見えない場合があります

100 ミクロン 1 粒の砂

30 ミクロン

健全な人間の視力で見える

10 ミクロン　一次ディーゼル燃料フィルター

2 ミクロン　二次ディーゼル燃料フィルター

使用済みエンジンオイル中の粒子 20〜5 ミクロン

8 ミクロン　赤血球

13

エンジンの潤滑

左舷エンジン

エンジンオイル容量 _____ リットル

使用ブランドとグレード _____

オイルフィルター品番 _____

代替オイルフィルター品番 _____

オイル クーラー　はい ☐　いいえ ☐　クランクケースブリーザフィルター　いいえ ☐
　　　　　　　　　　　　　　　　　　　　　　　　　　　　　　　　　　　　　　はい ☐

メモ _____

_____

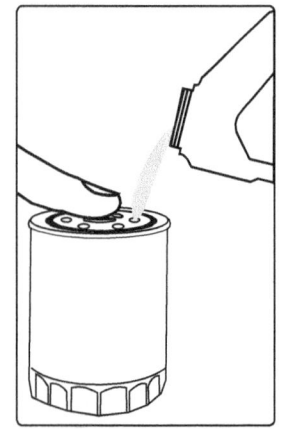

オイルフィルターに事
前充填する場合
中央穴を覆う

すべてのコントロールケーブルの両端部にグリー
スを塗ることは、
さびや腐食の防止に役立ちます:
・スロットルコントロール
・トランスミッションコントロール（ギヤケーブル）
・ストップケーブル（電気ソレノイドてない場合）

エンジンマウントのネジ山にグリースを塗ることは、
かじり防止に役立ちます
かじりはエンジンのアライメントを非常に難しくさせる可能
性がある

エンジンコントロールケーブルにグリースを塗

右舷エンジン

エンジンオイル容量 _____ リットル

使用ブランドとグレード _____

オイルフィルター品番 _____

代替オイルフィルター品番 _____

オイル クーラー　はい ☐　いいえ ☐　クランクケースブリーザフィルター　いいえ ☐
　　　　　　　　　　　　　　　　　　　　　　　　　　　　　　　　　　　　　　はい ☐

メモ _____

_____

API/SAE「ドーナツ」

エンジンオイルの容器に表示されるAPI/SAE「ドーナツ」は、
オイル仕様に関する**3つ**の重要な情報を提供します。

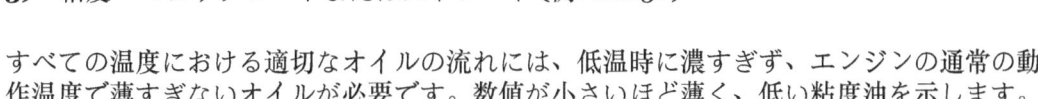

1) **C**（コンプレッション）/ディーゼル － または**S**（スパーク）/ガソリン

2) **J**サービスカテゴリー－新型モデルに関する最新規格

3) 粘度－マルチグレードまたはストレート(例:SAE30)

すべての温度における適切なオイルの流れには、低温時に濃すぎず、エンジンの通常の動作温度で薄すぎないオイルが必要です。数値が小さいほど薄く、低い粘度油を示します。

マルチグレード オイル(つまり、ブレンドオイル)は、広い範囲の周囲温度に対応して最適なパフォーマンスを提供することを目指していて、また寒冷天候でのエンジン始動に重要です。

シングルグレードのモノグレードオイル(SAE30 または「ストレート 30」)
は、狭くなった温度範囲で最適なサービスを提供します。

マルチグレードオイルには、冬期または冷間始動用の文字「**W**」

で区切られた**2つ**の数字があります(例: **10W30** または「**10-30**」)。**10W30** は、冷間時にはストレート **SAE10** と同じ粘度、高温時には**SAE30**と同じ粘度を有します。

エンジンオイルの添加剤

添加剤は、ディーゼル エンジン オイルの **15 ～25%** を構成し、エンジン性能を向上させ、かつ摩耗を低減させる特別な成分です。

添加物は時間の経過とともに使い果たされるため、エンジンが過熱した場合、または低品質のオイルを使用する必要がある場合 (例: 利用可能であったすべてのオイル)少なくともメーカーが指定した頻度でオイルを交換することが極めて重要です。 **9種類**の添加物が使用されています;それぞれに特定の働きがあります。

1. 分散剤 － カーボンスラッジの形成を防ぐのに役立つオイルフィルターによってオイルが除去されるまで汚染物質 (例: 炭素、金属粒子) をオイル中に浮遊させておくのに役立ちます。

2. 洗剤 － 軸受やピストンなどの高温表面に炭素堆積物が形成されるのを停止させるのに役立ちます。

3. 耐摩耗剤 － 金属同士の表面の摩耗を防ぐ重要な潤滑剤;犠牲的であり、時間の経過とともに使い果たされます。

4. 摩擦低減剤/調整剤 －、摩耗を減らし、燃費を向上させてオイルの摩擦特性を変化させます。

5. 酸化防止剤/抗酸化剤－高温;における酸素への曝露の影響を遅らせます;劣化したオイルの酸化は、スラッジの形成とオイルの増粘に寄与します。

6. 消泡剤 - オイルが循環する際の気泡の形成を減らします;気泡には孔食の原因となる燃焼ガスが含まれている可能性があり、空気の存在は潤滑の不在を意味します。

7. 腐食/防錆剤－表面をコーティングして錆を防ぎ、空気中の水蒸気と燃料中の硫黄から生成される硫酸などの酸を中和します。

8. 粘度指数向上剤 － 高温でのオイルの希釈化を修正させ、これにより低温でのパフォーマンスが向上します。

9. 流動点降下剤 － マルチグレードのオイルに使用され、低温での流動性を向上させ、これにより、冷間気候での冷間始動が容易になります。

エンジン冷却

左舷エンジン

冷却の種類 　　　原水 ⬜　　　　キール冷却 ⬜　　　空冷式 ⬜

　　　　　　　　　間接 ⬜　直接 ⬜

シーコックのタイプ ＿＿＿＿＿＿＿＿＿＿＿＿＿＿＿ 設置日 ＿＿＿＿＿＿＿

ストレーナーのメーカーとモデル ＿＿＿＿＿＿＿＿＿ 設置日 ＿＿＿＿＿＿＿

原水ホース－サイズ ＿＿＿＿＿＿＿＿＿＿＿＿＿＿＿ 設置日 ＿＿＿＿＿＿＿

原水ポンプのメーカーとモデル ＿＿＿＿＿＿＿＿＿＿＿＿＿＿＿＿＿＿＿＿＿

ポンプのタイプ 　　歯車駆動 ⬜　ベルト駆動 ⬜　ベルト品番 ＿＿＿＿＿＿＿

インペラーのメーカーと型番 ＿＿＿＿＿＿＿＿＿＿＿＿＿＿＿＿＿＿＿＿＿＿

代替ブランドと品番 ＿＿＿＿＿＿＿＿＿＿＿＿＿＿＿＿＿＿＿＿＿＿＿＿＿＿

熱交換器のメーカーとモデル ＿＿＿＿＿＿＿＿＿＿＿＿＿＿＿＿＿＿＿＿＿＿

サイフォンブレークのメーカーとモデル ＿＿＿＿＿＿＿＿＿＿＿＿＿＿＿＿＿＿

ホースまたはシーコックが故障した場合に使用するために、各シーコックに木製プラグをつなぎます

クーラント液容量 ＿＿＿＿＿＿＿＿＿＿＿＿＿＿＿＿＿＿＿＿＿＿＿リットル

最終交換日 ＿＿＿＿＿＿＿＿＿＿＿＿＿＿＿＿最終清浄化日 ＿＿＿＿＿＿＿

クーラント液/不凍液のブランド ＿＿＿＿＿＿＿＿＿＿＿＿＿＿＿＿＿＿＿＿＿

メモ ＿＿＿＿＿＿＿＿＿＿＿＿＿＿＿＿＿＿＿＿＿＿＿＿＿＿＿＿＿＿＿＿＿

＿＿＿＿＿＿＿＿＿＿＿＿＿＿＿＿＿＿＿＿＿＿＿＿＿＿＿＿＿＿＿＿＿＿＿＿＿

＿＿＿＿＿＿＿＿＿＿＿＿＿＿＿＿＿＿＿＿＿＿＿＿＿＿＿＿＿＿＿＿＿＿＿＿＿

＿＿＿＿＿＿＿＿＿＿＿＿＿＿＿＿＿＿＿＿＿＿＿＿＿＿＿＿＿＿＿＿＿＿＿＿＿

エンジン冷却

右舷エンジン

冷却の種類　　　　原水 ☐　　　　キール冷却 ☐　　　空冷式 ☐

　　　　　　　　　間接 ☐　　直接 ☐

シーコックのタイプ ＿＿＿＿＿＿＿＿＿＿＿＿＿＿＿＿ 設置日 ＿＿＿＿＿＿

ストレーナーのメーカーとモデル ＿＿＿＿＿＿＿＿＿＿ 設置日 ＿＿＿＿＿＿

原水ホース – サイズ ＿＿＿＿＿＿＿＿＿＿＿＿＿＿＿ 設置日 ＿＿＿＿＿＿

原水ポンプのメーカーとモデル ＿＿＿＿＿＿＿＿＿＿＿＿＿＿＿＿＿＿

ポンプのタイプ　　歯車駆動 ☐　ベルト駆動 ☐　ベルト品番 ＿＿＿＿

インペラーのメーカーと型番 ＿＿＿＿＿＿＿＿＿＿＿＿＿＿＿＿＿

代替ブランドと品番 ＿＿＿＿＿＿＿＿＿＿＿＿＿＿＿＿＿＿＿＿＿

熱交換器のメーカーとモデル ＿＿＿＿＿＿＿＿＿＿＿＿＿＿＿＿＿＿

サイフォンブレークのメーカーとモデル ＿＿＿＿＿＿＿＿＿＿＿＿＿＿

インベントリー

オイルクーラは熱交換器でもあり、通常は大型エンジンに設置される。

アノードが装着されているか確認してください。

クーラント液容量 ＿＿＿＿＿＿＿＿＿＿＿＿＿＿＿＿＿＿＿＿リットル

最終交換日 ＿＿＿＿＿＿＿＿＿＿＿＿＿最終清浄化日 ＿＿＿＿＿＿＿＿

クーラント液/不凍液のブランド ＿＿＿＿＿＿＿＿＿＿＿＿＿＿＿＿＿＿

メモ ＿＿＿＿＿＿＿＿＿＿＿＿＿＿＿＿＿＿＿＿＿＿＿＿＿＿＿＿＿＿

＿＿＿＿＿＿＿＿＿＿＿＿＿＿＿＿＿＿＿＿＿＿＿＿＿＿＿＿＿＿＿＿＿

＿＿＿＿＿＿＿＿＿＿＿＿＿＿＿＿＿＿＿＿＿＿＿＿＿＿＿＿＿＿＿＿＿

＿＿＿＿＿＿＿＿＿＿＿＿＿＿＿＿＿＿＿＿＿＿＿＿＿＿＿＿＿＿＿＿＿

ブリージング – 空気取入口と排気

左舷エンジン

エアインテーク（空気取入口）

エアフィルター装着　　いいえ ☐　はい ☐　タイプ＿＿＿＿＿＿＿＿＿＿＿＿＿＿

機械式ブロワ吸込　　いいえ ☐　はい ☐　　型番＿＿＿＿＿＿＿＿＿＿＿＿＿

機械式ブロワ吐出　　いいえ ☐　はい ☐　　型番＿＿＿＿＿＿＿＿＿＿＿＿＿

ターボチャージャー　　いいえ ☐　はい ☐　メーカーとモデル＿＿＿＿＿＿＿＿＿

アフタークーラー/インタークーラー　　いいえ ☐　はい ☐＿＿＿＿＿＿＿＿＿

メーカーとモデル＿＿＿＿＿＿＿＿＿＿＿＿＿＿＿＿＿＿＿＿＿＿＿＿＿＿＿＿＿

メモ＿＿＿＿＿＿＿＿＿＿＿＿＿＿＿＿＿＿＿＿＿＿＿＿＿＿＿＿＿＿＿＿＿＿＿

＿＿＿＿＿＿＿＿＿＿＿＿＿＿＿＿＿＿＿＿＿＿＿＿＿＿＿＿＿＿＿＿＿＿＿＿＿

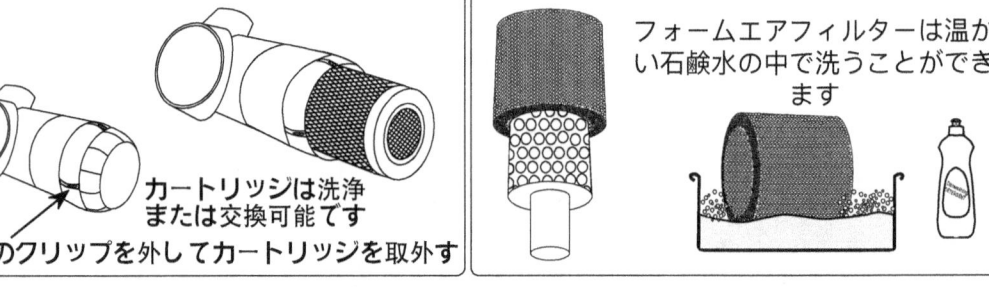

カートリッジは洗浄または交換可能です

端部の**クリップ**を外して**カートリッジ**を取外す

フォームエアフィルターは温かい石鹸水の中で洗うことができます

一部のフィルター カートリッジはブラシで掃除できます

イグゾースト（排気）

排気系　　湿式排気 ☐　　乾式排気 ☐　　＿＿＿＿＿＿＿＿＿＿＿＿＿

排気ライザー – 構成材料　　　　　　鋳鉄 ☐　　ステンレス鋼 ☐　その他 ☐

設置日/最終修理日＿＿＿＿＿＿＿＿＿＿＿＿＿＿＿＿＿＿＿＿＿＿＿＿＿＿＿

排気ホース – 直径 ID + OD ＿＿＿＿＿＿＿＿＿＿＿＿＿　敷設日＿＿＿＿＿＿

ウォーターリフトマフラーのメーカーとモデル＿＿＿＿＿＿＿＿＿＿＿＿＿＿

ドレンタップ　　いいえ ☐　はい ☐＿＿＿＿＿＿＿＿＿＿＿＿＿＿＿＿＿＿

メモ＿＿＿＿＿＿＿＿＿＿＿＿＿＿＿＿＿＿＿＿＿＿＿＿＿＿＿＿＿＿＿＿＿

＿＿＿＿＿＿＿＿＿＿＿＿＿＿＿＿＿＿＿＿＿＿＿＿＿＿＿＿＿＿＿＿＿＿＿

ブリージング – 空気取入口と排気

右舷エンジン

エアインテーク（空気取入口）

エアフィルター装着　いいえ ☐　はい ☐　タイプ＿＿＿＿＿＿＿＿＿＿＿＿＿＿＿＿

機械式ブロワ吸込　いいえ ☐　はい ☐　　型番＿＿＿＿＿＿＿＿＿＿＿＿＿＿＿

機械式ブロワ吐出　いいえ ☐　はい ☐　　型番＿＿＿＿＿＿＿＿＿＿＿＿＿＿＿

ターボチャージャー　いいえ ☐　はい ☐　メーカーとモデル＿＿＿＿＿＿＿＿＿＿

アフタークーラー/インタークーラー　いいえ ☐　はい ☐＿＿＿＿＿＿＿＿＿＿＿

メーカーとモデル＿＿＿＿＿＿＿＿＿＿＿＿＿＿＿＿＿＿＿＿＿＿＿＿＿＿＿＿＿＿

メモ＿＿＿＿＿＿＿＿＿＿＿＿＿＿＿＿＿＿＿＿＿＿＿＿＿＿＿

インベントリー

硬いワイヤでライザーからスケールとサビをきれいに除去します

ウォーターリフトマフラー（消音器）の水抜きが役に立ちます

小さな穴はインペラーの破片で簡単に塞がれてしまいます

イグゾースト（排気）

排気系　　湿式排気 ☐　　乾式排気 ☐　＿＿＿＿＿＿＿＿＿＿＿＿＿＿＿

排気ライザー – 構成材料　　　　　鋳鉄 ☐　　ステンレス鋼 ☐　その他 ☐

設置日/最終修理日＿＿＿＿＿＿＿＿＿＿＿＿＿＿＿＿＿＿＿＿＿＿＿＿＿＿＿

排気ホース – 直径 ID + OD＿＿＿＿＿＿＿＿＿＿＿＿　敷設日＿＿＿＿＿＿＿

ウォーターリフトマフラーのメーカーとモデル＿＿＿＿＿＿＿＿＿＿＿＿＿＿＿

ドレンタップ　　いいえ ☐　はい ☐＿＿＿＿＿＿＿＿＿＿＿＿＿＿＿＿＿＿

メモ＿＿＿＿＿＿＿＿＿＿＿＿＿＿＿＿＿＿＿＿＿＿＿＿＿＿＿＿＿＿＿＿＿＿

電気系 - バッテリー（蓄電池）

太陽光パネル総設置ワット数 _____　風力発電機定格アンペア _____

バッテリーバンクの数（全船） _____　全オルタネータの総定格出力 _____アンペア/kW

エンジン始動バッテリーに並列接続した場合の総アンペア _____

左舷エンジン　始動バンク

バッテリー数 _____　　　電圧　6v ◯　12v ◯　24v ◯　　　使用電圧 _____

バッテリーのタイプ　湿電池 ◯　開放型 ◯　ゲル電池 ◯　AGM ◯　リチウム ◯
　　　　　　　　　　　　　　　密閉型 ◯

CCA*クランキングアンペア_____　MCA*クランキングアンペア _____　アンペア時 _____

ブランドとモデル _____

グループサイズ _____　設置日 _____

メモ_____

右舷エンジン　始動バンク

バッテリー数 _____　　　電圧　6v ◯　12v ◯　24v ◯　　　使用電圧 _____

バッテリーのタイプ　湿電池 ◯　開放型 ◯　ゲル電池 ◯　AGM ◯　リチウム ◯
　　　　　　　　　　　　　　　密閉型 ◯

CCA*クランキングアンペア_____　MCA*クランキングアンペア _____　アンペア時 _____

ブランドとモデル _____

グループサイズ _____　設置日 _____

メモ_____

その他のバッテリーバンク

バッテリー数 _____　　　電圧　6v ◯　12v ◯　24v ◯　　　使用電圧 _____

バッテリーのタイプ　湿電池 ◯　開放型 ◯　ゲル電池 ◯　AGM ◯　リチウム ◯
　　　　　　　　　　　　　　　密閉型 ◯

CCA*クランキングアンペア ____　MCA*クランキングアンペア ____　アンペア時 _____

ブランドとモデル _____

グループサイズ _____　設置日 _____

メモ_____

*CCA-コールドクランキングアンペア　267ページ参照　*MCA-マリンクランキングアンペア

電気系 – アノード

左舷エンジン防食アノード いいえ ☐　　はい ☐　タイプ　マグネシウム ☐

サイズ_____　亜鉛 ☐　アルミニウム ☐

エンジン上の取付場所 _____

右舷エンジン防食アノード いいえ ☐　　はい ☐　タイプ　マグネシウム ☐

サイズ_____　亜鉛 ☐　アルミニウム ☐

エンジン上の取付場所 _____

セイルドライブ（30頁）も参照してください

アノードの種類
亜鉛 - 塩水
マグネシウム - 淡水
アルミニウム - 半塩水、淡水または塩水

インベントリー

船舶上で異なる種類の防食アノードを混在させないでください

左舷プロペラアノード いいえ ☐　　はい ☐　タイプ　マグネシウム ☐

サイズ_____　亜鉛 ☐　アルミニウム ☐

エンジン上の取付場所 _____

右舷プロペラアノード いいえ ☐　　はい ☐　タイプ　マグネシウム ☐

サイズ_____　亜鉛 ☐　アルミニウム ☐

エンジン上の取付場所 _____

アノードの取付総数 _____ 場所 – エンジン、プロペラ シャフト、プロペラ、船体

電気系－オルタネータ（交流発電機）

オルタネータの総数 _____ 総定格出力 _____

左舷エンジン

オルタネータ #1

メーカーとモデル _____

定格出力 _____ 設置日 _____ ベルトの種類　　サーペンタイン ⬜

　　　　　　　　　　　　　　　　　　　　　　　　　　　V-ベルト ⬜

ベルト外側長さ _____ 上幅 _____ 高さ_____mm

ベルト品番 _____

レギュレータ　　　　内蔵 ⬜　メーカーとモデル _____

　　　　　　　　　外付け ⬜

　　　スマート　3充電段階* ⬜　　　設置日 _____

メモ _____

_____

_____

*3充電段階；バルク充電、アブソーブ充電、フローティング充電

オルタネータ #2

メーカーとモデル _____

定格出力 _____ 設置日 _____ ベルトの種類　　サーペンタイン ⬜

　　　　　　　　　　　　　　　　　　　　　　　　　　　V-ベルト ⬜

ベルト外側長さ _____ 上幅 _____ 高さ_____mm

ベルト品番 _____

レギュレータ　　　　内蔵 ⬜　メーカーとモデル _____

　　　　　　　　　外付け ⬜

　　　スマート　3充電段階* ⬜　　　設置日 _____

メモ _____

_____

_____

電気系－オルタネータ（交流発電機）

右舷エンジン

オルタネータ #1

メーカーとモデル _____

定格出力 _____ 設置日 _____ ベルトの種類　サーペンタイン ☐
　　　　　　　　　　　　　　　　　　　　　　　　　　　　　　V-ベルト ☐

ベルト外側長さ _____ 上幅 _____ 高さ_____mm

ベルト品番 _____

レギュレータ　　　　内蔵 ☐　メーカーとモデル _____
　　　　　　　　　外付け ☐
　　　　スマート　3充電段階* ☐　　設置日 _____

メモ _____
_____

インベン
トリー

ベルトの張り具合がきつすぎるとオルタネーターベアリングに歪みと損傷 をもたらします
またアライメントを損なう可能性があります

ベルトの張り具合が緩すぎるとベルトがすぐに 壊れてしまいます
緩んだベルトのブラックダスト（黒色粉塵）またはアライメント不良

オルタネータ #2

メーカーとモデル _____

定格出力 _____ 設置日 _____ ベルトの種類　サーペンタイン ☐
　　　　　　　　　　　　　　　　　　　　　　　　　　　　　　V-ベルト ☐

ベルト外側長さ _____ 上幅 _____ 高さ_____mm

ベルト品番 _____

レギュレータ　　　　内蔵 ☐　メーカーとモデル _____
　　　　　　　　　外付け ☐
　　　　スマート　3充電段階* ☐　　設置日 _____

メモ _____
_____
_____

ギヤボックス/トランスミッション（動力伝達装置）

左舷エンジン

トランスミッション　メーカーとモデル _____

_____

シリアル番号 _____

タイプ　　　　油圧式 ⃞　　　機械式 ⃞　　　設置日 _____

ATF（オートマ・オイル）またはオイル _____流体容量_____ リットル

ギヤ比　　　ポジションA _____　　ポジションB _____

トランスミッションクーラー（熱交換器）　　いいえ ⃞　　　はい ⃞

防食アノード　いいえ ⃞　　　はい ⃞　亜鉛 ⃞　アルミニウム ⃞　マグネシウム ⃞

ドライブプレート/ダンパープレート　　　タイプ _____

最終点検日 _____

トランスミッション　入力シャフトサイズ_____ mm　　スプライン数 _____

　　　　　　　　　出力シャフトサイズ_____ mm　　スプライン数 _____

メモ _____

フレキシブルカップリング　いいえ ⃞　　はい ⃞　設置日 _____

メーカーと型番 _____

航行中のギア位置*　中立（フリーホイール ⃞　前進ギア/後進ギア ⃞　シャフトブレーキ ⃞
*マニュアルを必ず確認してください
ギアボックスモデルが異なれば要件も変わります

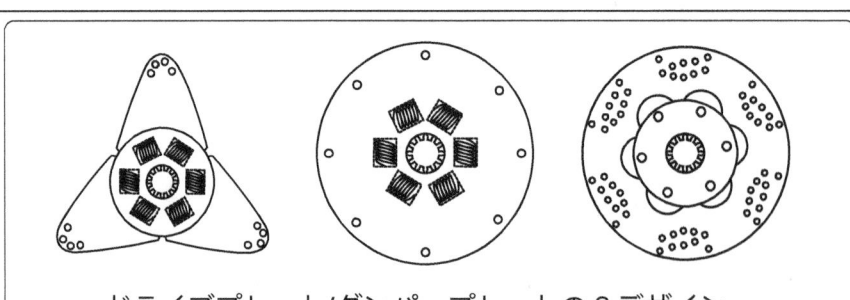

ドライブプレート/ダンパープレートの３デザイン

ギヤボックス/トランスミッション（動力伝達装置）

右舷エンジン

トランスミッション　メーカーとモデル _____

_____

シリアル番号 _____

タイプ　　　　油圧式 ☐　　　　機械式 ☐　　　設置日 _____

ATF（オートマ・オイル）またはオイル _____流体容量_____　リットル

ギヤ比　　　ポジションA _____　　　ポジションB _____

トランスミッションクーラー（熱交換器）　　いいえ ☐　　　はい ☐

防食アノード　いいえ ☐　　　はい ☐　　亜鉛 ☐　　アルミニウム ☐
　　　　　　　　　　　　　　　　　　　　　　　　マグネシウム ☐

ドライブプレート/ダンパープレート　　タイプ _____

最終点検日 _____

トランスミッション　入力シャフトサイズ_____ mm　　スプライン数 _____

　　　　　　　　　　出力シャフトサイズ _____ mm　　スプライン数 _____

メモ _____

インベン
トリー

フレキシブルカップリング　いいえ ☐　　はい ☐　設置日 _____

メーカーと型番 _____

航行中のギア位置*　中立（フリーホイール ☐　前進ギア/後進ギア ☐　シャフトブレーキ ☐
*マニュアルを必ず確認してください
ギアボックスモデルが異なれば要件も変わります

メモ _____

_____

_____

_____

_____

プロペラシャフトとスターングランド

左舷エンジン

プロペラシャフト材質

ステンレス鋼 ⬭　　シャフト径＿＿＿＿＿＿＿＿ mm

青銅 ⬭

＿＿＿＿＿＿＿＿＿＿ その他 ⬭　　設置日 ＿＿＿＿＿＿＿＿＿＿＿＿

プロペラ シャフト テーパーのテーパーを正しく測定するには、28 頁を参照してください。

スターングランド　ドリップレスリップシール ⬭　ドリップレスフェイスシール ⬭

シール方式　　　　　　　　　　　　　　　　スタッフィングボックス ⬭

メーカーとモデル ＿＿＿＿＿＿＿＿＿＿＿＿＿＿＿＿＿＿＿＿＿＿＿

サイズ ＿＿＿＿＿＿＿＿＿＿＿＿＿＿＿＿＿＿設置日 ＿＿＿＿＿＿＿＿＿

マニュアル ＿＿＿＿＿＿＿＿＿＿＿＿＿＿　紙 ⬭ pdf ⬭

ドリップレスフェイス軸封装置

ドリップレスリップ軸封装置

カットラスベアリング　　メーカーとモデル ＿＿＿＿＿＿＿＿＿＿＿＿

構成材料　　真鍮/ゴム ⬭　　　　複合材/ゴム ⬭　　　　ゴム/ゴム ⬭

設置日 ＿＿＿＿＿＿＿＿＿＿＿＿＿＿＿＿＿＿＿＿＿＿＿＿＿＿＿＿＿

ストラット上のバレル　　　　カットラスベアリング

プロペラシャフ

測定値

⬭ mm　　　ストラットバレ

⬭ インチ　　ルの長さ　　内径　　　外径　　　内径　　　外径

＿＿＿＿＿　＿＿＿＿＿　＿＿＿＿＿　＿＿＿＿＿　＿＿＿＿＿

プロペラシャフトとスターングランド

右舷エンジン

プロペラシャフト材質

ステンレス鋼 ☐   シャフト径_____ mm

青銅 ☐

_____その他 ☐   設置日_____

プロペラ シャフト テーパーのテーパーを正しく測定するには、28 頁を参照してください。

スターングランド
シール方式 ドリップレスリップシール ☐ ドリップレスフェイスシール ☐
  スタッフィングボックス ☐

メーカーとモデル_____

サイズ_____設置日_____

マニュアル_____ 紙 ☐ pdf ☐

インベントリー

伝統的な青銅製スタッフィングボックス

カットラスベアリング   メーカーとモデル_____

構成材料 真鍮/ゴム ☐   複合材/ゴム ☐   ゴム/ゴム ☐

設置日_____

ストラット上のバレル   カットラスベアリング   プロペラシャフ

測定値
☐ mm
☐ インチ

ストラットバレルの長さ   内径   外径   内径   外径

_____ _____ _____ _____ _____

プロペラ

左舷プロペラ

プロペラの方式　固定式 ☐　フェザリング式 ☐　フォールディング式 ☐

構成材料　　　青銅 ☐　ステンレス鋼 ☐　アルミニウム ☐　　　回転方向
　　　　　　　　　　　　　　　　　　　　　　　　　　　　　　左回り (LH) ☐

翼数　　　　2 ☐　3 ☐　4 ☐　5 ☐　　　　　　　　　右回り (RH) ☐

プロペラ寸法　　　直径 ＿＿＿＿＿＿＿＿＿　ピッチ ＿＿＿＿＿＿＿＿cm／インチ

メーカーとシリアル番号＿＿＿＿＿＿＿＿＿＿＿＿＿＿＿＿＿＿＿＿＿＿＿＿＿

プロペラ番号（例: 18LH12）＿＿＿＿＿＿＿＿＿＿＿＿　設置日＿＿＿＿＿＿＿

修理日＿＿＿＿＿＿＿＿＿＿＿＿＿＿＿＿＿＿＿＿＿＿＿＿＿＿＿＿＿＿＿＿＿

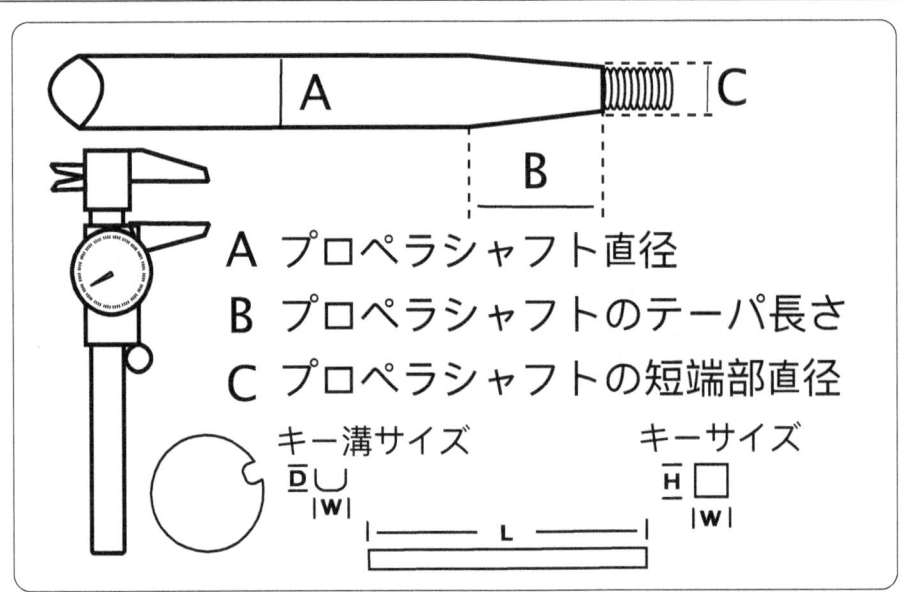

A プロペラシャフト直径
B プロペラシャフトのテーパ長さ
C プロペラシャフトの短端部直径

キー溝サイズ　　　　　キーサイズ

プロペラと篏合するプロペラシャフトテーパ　　　測定値　mm ☐　インチ* ☐

A プロペラシャフト直径 ＿＿＿＿＿＿＿＿＿＿　ネジサイズ** ＿＿＿＿＿

B プロペラシャフトテーパ長さ＿＿＿＿＿＿＿　D キー溝深さ＿＿＿＿＿＿＿

C プロペラシャフト直径 ＿＿＿＿＿＿＿＿＿＿　W キー溝幅 ＿＿＿＿＿＿＿

H キー高さ ＿＿＿＿＿　W キー幅＿＿＿＿＿　L キー溝長さ＿＿＿＿＿＿＿

* 最大の精度を得るには、10 進数のインチ(decimal inches)を使用してください

**　　メトリックーネジピッチ　　インチー1 インチ当たりネジ山の数

メモ＿＿＿＿＿＿＿＿＿＿＿＿＿＿＿＿＿＿＿＿＿＿＿＿＿＿＿＿＿＿＿＿＿

プロペラ

右舷プロペラ

プロペラの方式　固定式 ⬜　フェザリング式 ⬜　フォールディング式 ⬜

構成材料　　　　青銅 ⬜　ステンレス鋼 ⬜　アルミニウム ⬜

　　　　　　　　　　　　　　　　　　　　　　　　　　　回転方向

翼数　　　2 ⬜　3 ⬜　4 ⬜　5 ⬜　　　　　左回り (LH) ⬜

　　　　　　　　　　　　　　　　　　　　　　右回り (RH) ⬜

プロペラ寸法　　　　　直径＿＿＿＿＿　　　ピッチ＿＿＿＿＿＿＿cm / インチ

メーカーとシリアル番号＿＿＿＿＿＿＿＿＿＿＿＿＿＿＿＿＿＿＿＿＿＿＿＿＿＿＿

プロペラ番号（例：18LH12）＿＿＿＿＿＿＿＿＿＿＿　設置日＿＿＿＿＿＿＿

修理日＿＿＿＿＿＿＿＿＿＿＿＿＿＿＿＿＿＿＿＿＿＿＿＿＿＿＿＿＿＿＿＿

3方式のプロペラ

インベントリー

フォールディングプロペラ - 開閉型

フェザリングプロペラ

16 RH 14

プロペラ番号

プロペラと篏合するプロペラシャフトテーパ　　測定値　mm ⬜　インチ* ⬜

A プロペラシャフト直径＿＿＿＿＿＿＿＿＿＿＿　ネジサイズ**＿＿＿＿＿

B プロペラシャフトテーパ長さ＿＿＿＿＿＿＿＿　D キー溝深さ＿＿＿＿＿＿

C プロペラシャフト直径＿＿＿＿＿＿＿＿＿＿＿　W キー溝幅＿＿＿＿＿＿＿

H キー高さ＿＿＿＿＿＿＿　W キー幅＿＿＿＿＿＿＿　L キー溝長さ＿＿＿＿＿＿

* 最大の精度を得るには、10 進数のインチ(decimal inches)を使用してください

**　　メトリックーネジピッチ　　インチー1 インチ当たりネジ山の数

メモ＿＿＿＿＿＿＿＿＿＿＿＿＿＿＿＿＿＿＿＿＿＿＿＿＿＿＿＿＿＿＿＿＿＿＿

セイルドライブ

左舷セイルドライブ

メーカーとモデル _____

シリアル番号 _____ 設置日 _____

船体シールの設置/新替え日 _____

ロアユニットギヤオイル容量 _____ リットル

使用オイル – ブランドとグレード _____

防食アノード数 _____ 種類　亜鉛 ☐ マグネシウム ☐ アルミニウム ☐

防食アノード取付場所_____ 品番 _____

防食アノード取付場所_____ 品番 _____

防食アノード取付場所_____ 品番 _____

セイルドライブオペレータ マニュアル*☐　ワークショップ マニュアル ☐
　　　　　　　　　パーツ マニュアル ☐　　　　　　紙 ☐　pdf ☐

*マニュアルの完全リスト（33頁）を参照してください

右舷セイルドライブ

メーカーとモデル _____

シリアル番号 _____ 設置日 _____

船体シールの設置/新替え日 _____

ロアユニットギヤオイル容量 _____ リットル

使用オイル – ブランドとグレード _____

防食アノード数 _____ 種類　亜鉛 ☐ マグネシウム ☐ アルミニウム ☐

防食アノード取付場所_____ 品番 _____

防食アノード取付場所_____ 品番 _____

防食アノード取付場所_____ 品番 _____

セイルドライブオペレータ マニュアル*☐　ワークショップ マニュアル ☐
　　　　　　　　　パーツ マニュアル ☐　　　　　　紙 ☐　pdf ☐

その他モーター – ジェネレーター、船外機など

エンジン　メーカーとモデル _____ 年 _____

燃料　　ディーゼル ◯　　ガソリン ◯　その他 ◯_____

シリアル番号_____ 出力（HP KW）_____ 気筒数_____

エンジン運転時間 _____ 日付 _____

回転_____ オーバーホール/再組立て _____

エンジンマニュアル　　　　ワークショップ ◯　　スペアパーツ ◯　　紙 ◯ pdf ◯
　　　　　　　　　オペレータ ◯

保管場所 _____

完全なリスト（33頁）を参照してください

インベントリー

エンジン　メーカーとモデル _____ 年 _____

燃料　　ディーゼル ◯　　ガソリン ◯　その他 ◯_____

シリアル番号_____ 出力（HP KW）_____ 気筒数_____

エンジン運転時間 _____ 日付 _____

回転_____ オーバーホール/再組立て _____

エンジンマニュアル　　　　ワークショップ ◯　　スペアパーツ ◯　　紙 ◯ pdf ◯
　　　　　　　　　オペレータ ◯

保管場所 _____

メモ _____

_____

_____

_____

_____

_____

_____

予備品リスト – エンジンメンテナンス項目

項目	数量	場所
一次燃料フィルター		
二次燃料フィルター		
オイルフィルター		
ベルト		
防食アノード		
インペラー		
エンジンオイル		
トランスミッション液		
クーラント液		

予備品リスト – エンジン構成部品

項目	場所
フューエルポンプ	
インジェクションポンプ	
インジェクションライン（セット）	
インジェクター	
銅ワッシャー類（インジェクターシート）	
原水ポンプ	
サーモスタット	
オルタネーター	
ホース類	

マニュアル

左舷エンジン オペレータマニュアル ☐　ワークショップマニュアル ☐　パーツマニュアル ☐

場所＿＿＿＿＿＿＿＿＿＿＿＿＿＿＿＿＿＿＿＿＿＿＿＿＿＿＿　紙 ☐　pdf ☐

右舷エンジン オペレータマニュアル ☐　　ワークショップマニュアル ☐　パーツマニュアル ☐

場所＿＿＿＿＿＿＿＿＿＿＿＿＿＿＿＿＿＿＿＿＿＿＿＿＿＿＿　紙 ☐　pdf ☐

左舷トランスミッションオペレータマニュアル ☐　　パーツマニュアル ☐

ワークショップマニュアル ☐

場所＿＿＿＿＿＿＿＿＿＿＿＿＿＿＿＿＿＿＿＿＿＿＿＿＿＿＿　紙 ☐　pdf ☐

右舷トランスミッションオペレータマニュアル ☐　　パーツマニュアル ☐

ワークショップマニュアル ☐

場所＿＿＿＿＿＿＿＿＿＿＿＿＿＿＿＿＿＿＿＿＿＿＿＿＿＿＿　紙 ☐　pdf ☐

左舷電装マニュアル　バッテリー ☐　オルタネーター ☐　レギュレータ ☐

場所＿＿＿＿＿＿＿＿＿＿＿＿＿＿＿＿＿＿＿＿＿＿＿＿＿＿＿　紙 ☐　pdf ☐

右舷電装マニュアル　　バッテリー ☐　オルタネーター ☐　レギュレータ ☐

場所＿＿＿＿＿＿＿＿＿＿＿＿＿＿＿＿＿＿＿＿＿＿＿＿＿＿＿　紙 ☐　pdf ☐

左舷 セイルドライブオペレータマニュアル ☐　　パーツマニュアル ☐

ワークショップマニュアル ☐

場所＿＿＿＿＿＿＿＿＿＿＿＿＿＿＿＿＿＿＿＿＿＿＿＿＿＿＿　紙 ☐　pdf ☐

右舷 セイルドライブオペレータマニュアル ☐　　パーツマニュアル ☐

ワークショップマニュアル ☐

場所＿＿＿＿＿＿＿＿＿＿＿＿＿＿＿＿＿＿＿＿＿＿＿＿＿＿＿　紙 ☐　pdf ☐

左舷ステムグランドマニュアル ☐　　　**左舷ステムグランドマニュアル** ☐

場所＿＿＿＿＿＿＿＿＿＿＿＿＿＿＿＿＿＿＿＿＿＿＿＿＿＿＿　紙 ☐　pdf ☐

左舷プロペラマニュアル ☐　　　**右舷プロペラマニュアル** ☐

場所＿＿＿＿＿＿＿＿＿＿＿＿＿＿＿＿＿＿＿＿＿＿＿＿＿＿＿　紙 ☐　pdf ☐

その他のマニュアル ＿＿＿＿＿＿＿＿＿＿＿＿＿＿＿＿＿＿＿＿＿＿＿

＿＿＿＿＿＿＿＿＿＿＿＿＿＿＿＿＿＿＿＿＿＿＿＿＿＿＿＿＿＿＿＿＿

その他の装備品

その他の装備品

メンテナンス作業とスケジュール

毎日または操作前の作業	左舷エンジン	右舷エンジン
エンジンルーム目視点検		
ベルト張力をチェックする		
バッテリーの充電を維持し 電圧をモニターする		
エンジンオイルレベルをチェックする		
クーラント液/不凍液レベルを確認し 必要に応じて満タンにする		

点検用図面（46〜61頁）を参照してください

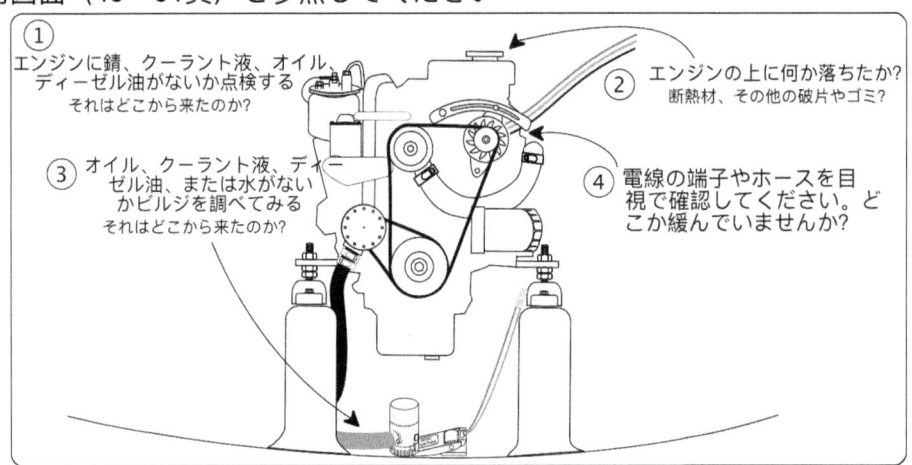

① エンジンに錆、クーラント液、オイル、ディーゼル油がないか点検する それはどこから来たのか？

② エンジンの上に何か落ちたか？断熱材、その他の破片やゴミ？

③ オイル、クーラント液、ディーゼル油、または水がないかビルジを調べてみる それはどこから来たのか？

④ 電線の端子やホースを目視で確認してください。どこか緩んでいませんか？

毎週の作業	左舷エンジン	右舷エンジン
トランスミッション液のレベルの確認		
ホースとホースクランプの点検		
擦れ防止プロテクションの装着・点検		
ベルトの点検		
クーラント液の状態の点検		
ディップスティック診断 – エンジンオイル		
ディップスティック診断 －トランスミッション液		
マルチメーター（電気抵抗ミリアンペア計）でバッテリーの開回路電圧の確認		

Marine Diesel Basics 1 では、明瞭な図面と簡潔な説明文を用いて、これらすべての作業を完了させる方法を示しています。

毎月の作業	左舷エンジン	右舷エンジン
プーリー（シーブ）の点検		
ベルトとプーリーの位置チェック		
必要に応じて、プーリーのアライメント調整		
オルタネータとウォーターポンプのベルト締め付け		
インジェクター＆インジェクションポンプ周りの清掃		
必要に応じて、サイフォンブレークとフラッシュの確認		

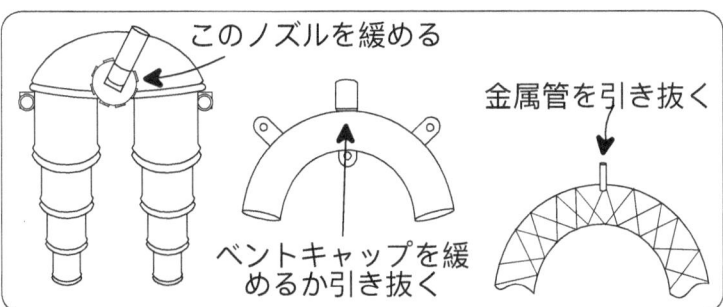

このノズルを緩める

金属管を引き抜く

ベントキャップを緩めるか引き抜く

サイフォンブレークがブロックされると、原水がエンジンに浸入する可能性がある

メンテナンスチェックリスト

サイフォンブレークを定期的に掃除する

	左舷エンジン	右舷エンジン
必要に応じて、エアフィルターのチェックと清掃		
バッテリー端子接続部の締め付け		
バッテリーの上部とターミナル（端子）の清掃		
ウエットセルバッテリーの電解質レベルのチェック		
プロペラ、ストラットとシャフトをこすって汚れを取る（必要に応じて）		

3ヶ月毎の作業	左舷エンジン	右舷エンジン
燃料デッキフィルの点検		
充填時に燃料タンクに殺生物剤添加		
エンジンルームの良好な空気の流れチェック		
トランスミッションとプロペラシャフト間のカップリングの確認		
スターングランド (スタッフィング ボックス) の点検		

毎シーズン作業	左舷エンジン	右舷エンジン
エンジンオイル＆フィルターの交換		
トランスミッション液の交換		
エンジンマウントの状態チェック		
コントロールケーブルの端部とエンジンマウントねじ部にグリース塗布		
インジェクションポンプとガバナディップスティック（装着の場合）のチェック		

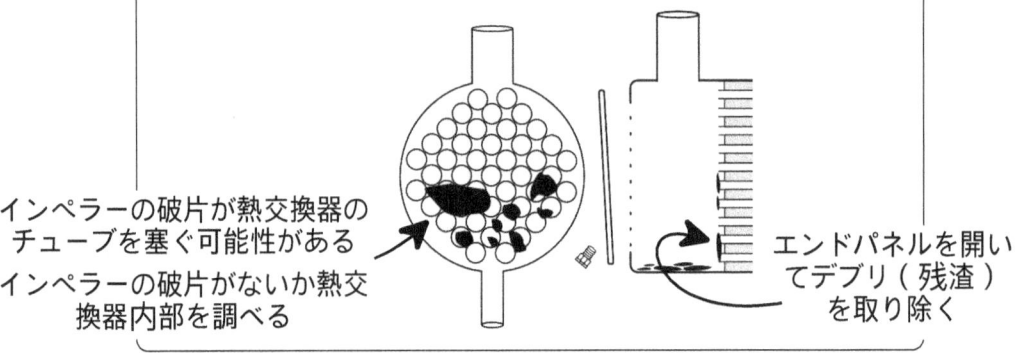

インペラーの破片が熱交換器のチューブを塞ぐ可能性がある

インペラーの破片がないか熱交換器内部を調べる

エンドパネルを開いてデブリ（残渣）を取り除く

６ヶ月毎の作業	左舷エンジン	右舷エンジン
熱交換器の防食アノードのチェック・交換		
プロペラの防食アノードの点検		
フェザリングプロペラの防食アノードの点検		

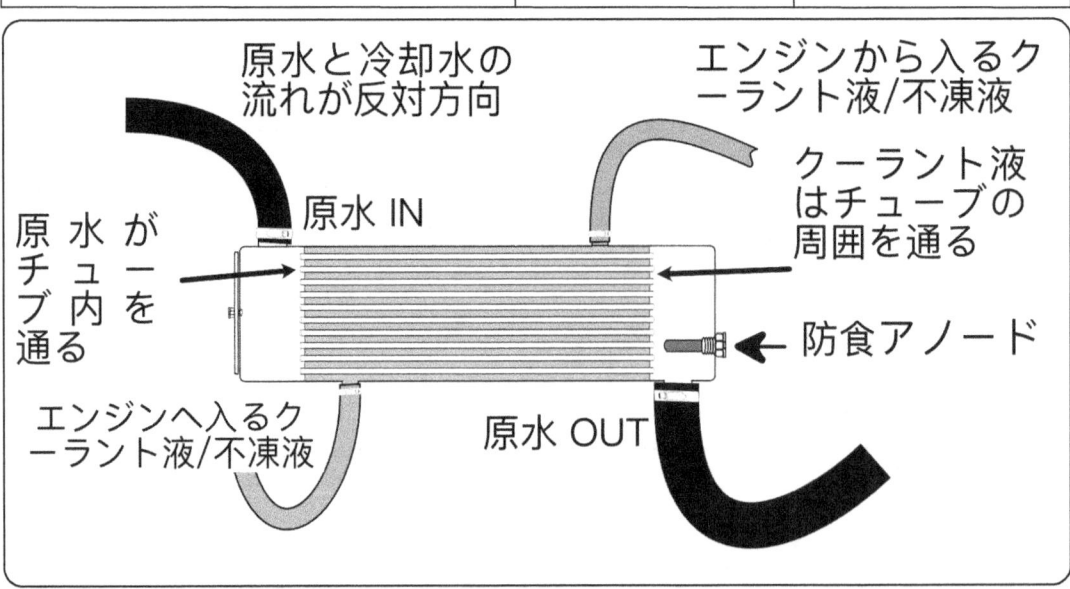

原水と冷却水の流れが反対方向

エンジンから入るクーラント液/不凍液

クーラント液はチューブの周囲を通る

原水 IN

原水がチューブ内を通る

エンジンへ入るクーラント液/不凍液

原水 OUT

防食アノード

毎年の作業	左舷エンジン	右舷エンジン
一次燃料フィルターの交換 (10ミクロンフィルター使用)		
二次燃料フィルターの交換 (2ミクロンフィルター使用)		
燃料システムのエア抜き (必要に応じて)		
ディーゼルタンクの汚染チェック		
イグニッションキースロットに注油		
原水取入用船体貫通部の清掃		
シーコックに接続された緊急プラグの確認		

点検用図面（46 〜 61 頁）を参照してください。

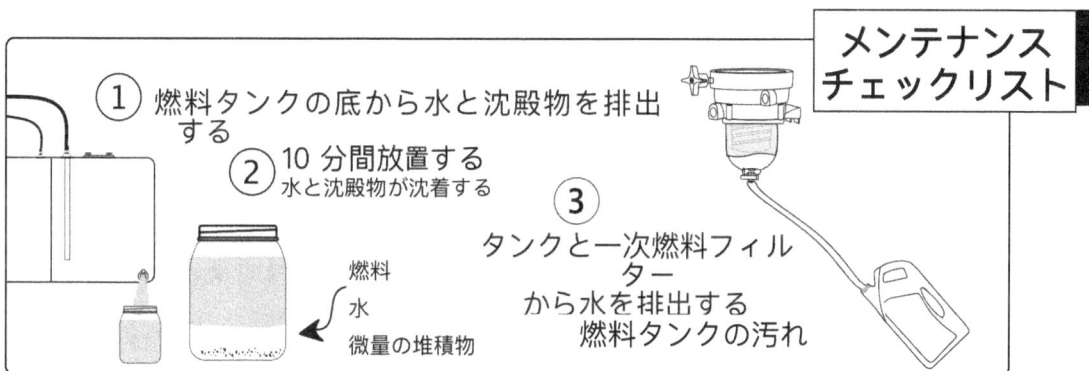

① 燃料タンクの底から水と沈殿物を排出する
② 10 分間放置する
水と沈殿物が沈着する
③ タンクと一次燃料フィルターから水を排出する
燃料
水
微量の堆積物
燃料タンクの汚れ

シーコックのスムーズな開閉を確認		
原水ストレーナーの点検 （バスケットだけでなく、フルアセンブリ）		
原水ポンプゴムインペラーの点検		
遮音材の点検・修理		
各12 ボルト バッテリーの負荷テスト実施		
プロペラシャフトの点検		
カットラスベアリングの点検		
シャフトストラットの点検		
プロペラの点検		

Marine Diesel Basics 1 では、明瞭な図面と簡潔な説明文を用いて、
これらすべての作業を完了する方法を示しています。

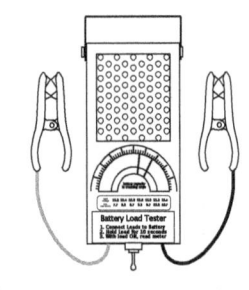

負荷テスターによって、負荷の下でバッテリーがどのようにうまく機能するかを測定できます。12 ボルトのバッテリーは完全充電（12.65v）と表示されますが、通常、通常硫酸化により容量低減が原因してエンジンのクランクを回すことができません。

良好な状態で完全充電されたバッテリーの電圧は、負荷の下で10 秒間は緩慢な又は最小の電圧降下を表示するはずです。

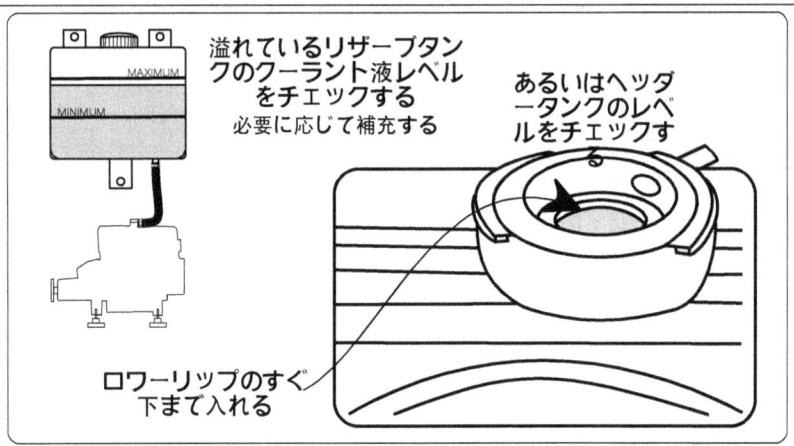

溢れているリザーブタンクのクーラント液レベルをチェックする
必要に応じて補充する

あるいはヘッダータンクのレベルをチェックする

ロワーリップのすぐ下まで入れる

1〜2年毎の作業	左舷エンジン	右舷エンジン
劣化したクーラント液の排出・交換		
エキゾースト（排気）ライザーの内部通路の確認（湿式排気）		
フェザリングプロペラにグリース塗布		

シーコックー 開閉状況をチェック

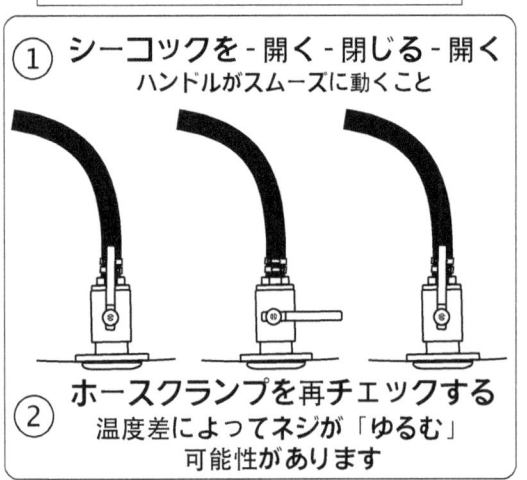

① シーコックを - 開く - 閉じる - 開く
ハンドルがスムーズに動くこと

② ホースクランプを再チェックする
温度差によってネジが「ゆるむ」可能性があります

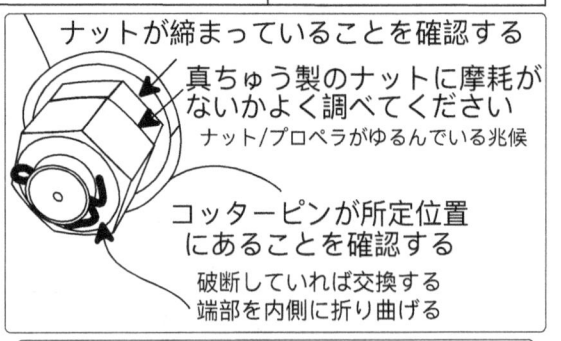

ナットが締まっていることを確認する

真ちゅう製のナットに摩耗がないかよく調べてください
ナット/プロペラがゆるんでいる兆候

コッターピンが所定位置にあることを確認する
破断していれば交換する
端部を内側に折り曲げる

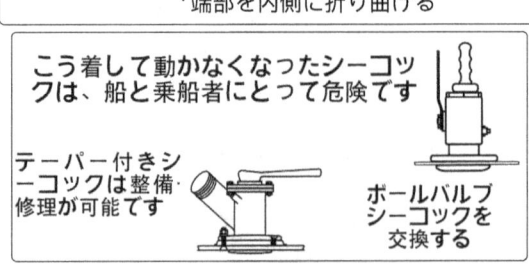

こう着して動かなくなったシーコックは、船と乗船者にとって危険です

テーパー付きシーコックは整備・修理が可能です

ボールバルブシーコックを交換する

セイルドライブ – メンテナンス作業とスケジュール

毎日の作業	左舷エンジン	右舷エンジン
セイルドライブのギアオイルレベルのチェック・補充		

毎月の作業	左舷エンジン	右舷エンジン
塗装保護部の点検・補修		
原水取入口の清掃		

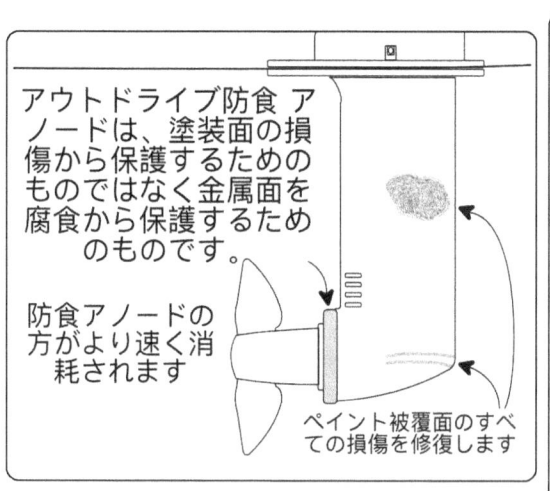

アウトドライブ防食 アノードは、塗装面の損傷から保護するためのものではなく金属面を腐食から保護するためのものです。

防食アノードの方がより速く消耗されます

ペイント被覆面のすべての損傷を修復します

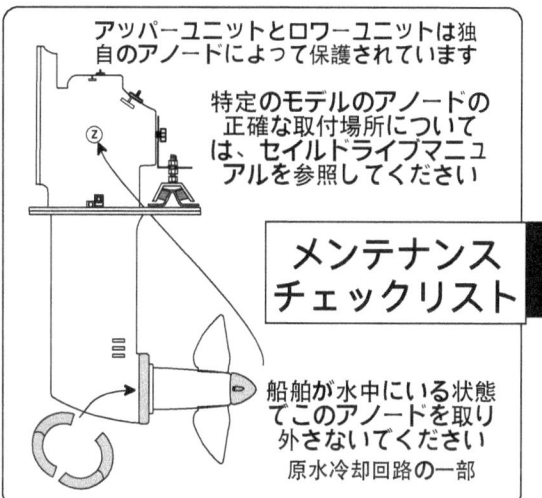

アッパーユニットとロワーユニットは独自のアノードによって保護されています

特定のモデルのアノードの正確な取付場所については、セイルドライブマニュアルを参照してください

メンテナンス
チェックリスト

船舶が水中にいる状態てこのアノードを取り外さないでください

原水冷却回路の一部

100〜250 時間毎の作業*	左舷エンジン	右舷エンジン
ロワーユニット内のオイル交換		
ロワーユニット内のオイル交換		

*マニュアルに記載された製造元の推奨に従ってください

6ケ月毎の作業	左舷エンジン	右舷エンジン
セイルドライブのアノードの点検		

毎年の作業	左舷エンジン	右舷エンジン
外装ゴム製シールリングの点検		
内装ゴム製シールリングとウオーターセンサー警報の点検		
プロペラの点検		
フェザリングプロペラにグリース塗布		

メンテナンスメモ

メンテナンスメモ

メンテナンス
チェックリスト

メンテナンスメモ

メンテナンスメモ

メンテナンス
チェックリスト

点検項目一覧

デッキ燃料フィルフィッティングの点検

① Oリングに小さい欠け目、引き裂き、あるいはしわがないかをよく調べます
破損していれば交換する

引き裂かれ　　　欠損や変形

② Oリングが底部に均等に着座していることを確認してください

エンジンオイルディップスティック診断

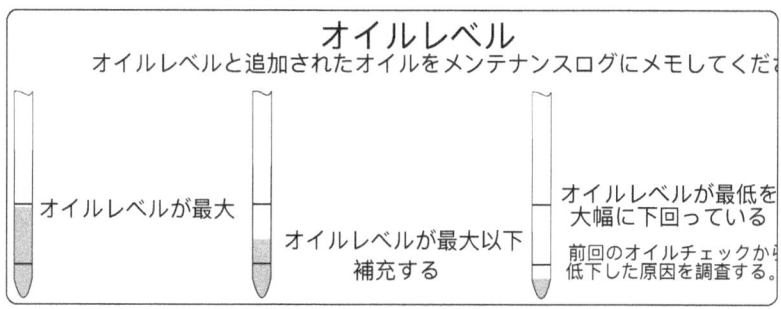

オイルレベル
オイルレベルと追加されたオイルをメンテナンスログにメモしてくださ

オイルレベルが最大

オイルレベルが最大以下
補充する

オイルレベルが最低を
大幅に下回っている

前回のオイルチェックか
低下した原因を調査する。

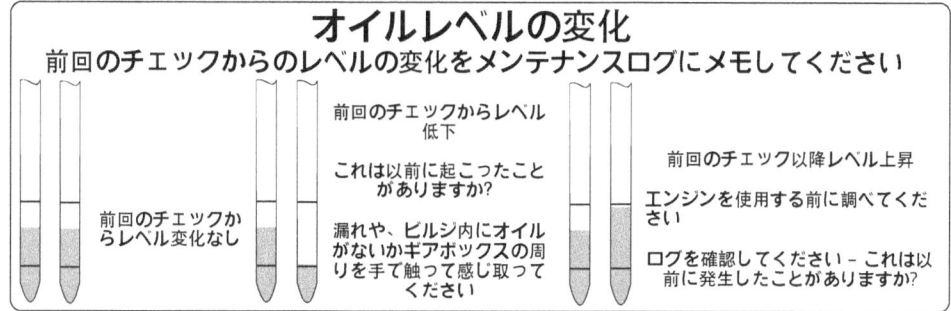

オイルレベルの変化
前回のチェックからのレベルの変化をメンテナンスログにメモしてください

前回のチェックから
レベル変化なし

前回のチェックからレベル
低下

これは以前に起こったこと
がありますか?

漏れや、ビルジ内にオイル
がないかギアボックスの周
りを手で触って感じ取って
ください

前回のチェック以降レベル上昇

エンジンを使用する前に調べてくだ
さい

ログを確認してください − これは以
前に発生したことがありますか?

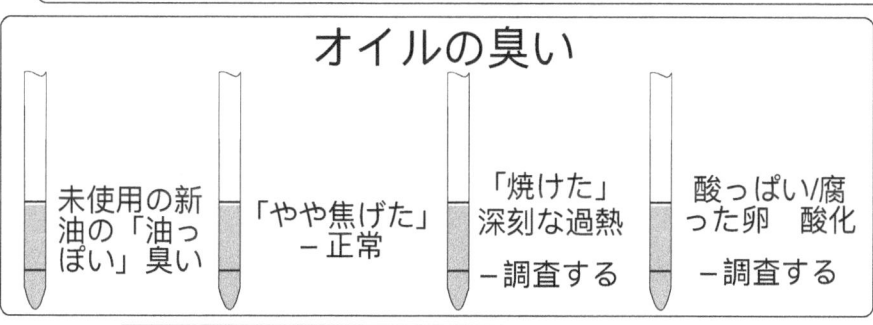

オイルの臭い

未使用の新
油の「油っ
ぽい」臭い

「やや焦げた」
− 正常

「焼けた」
深刻な過熱
− 調査する

酸っぱい/腐
った卵　酸化
− 調査する

オイルの色
前回のチェックからの色の変化をメンテナンスログに
メモしてください

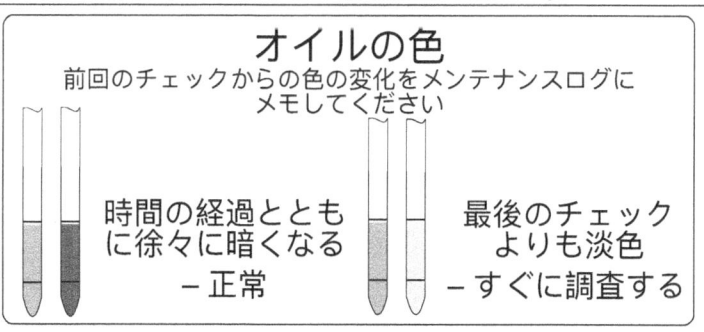

時間の経過ととも
に徐々に暗くなる
− 正常

最後のチェック
よりも淡色
− すぐに調査する

オイルのちょう度

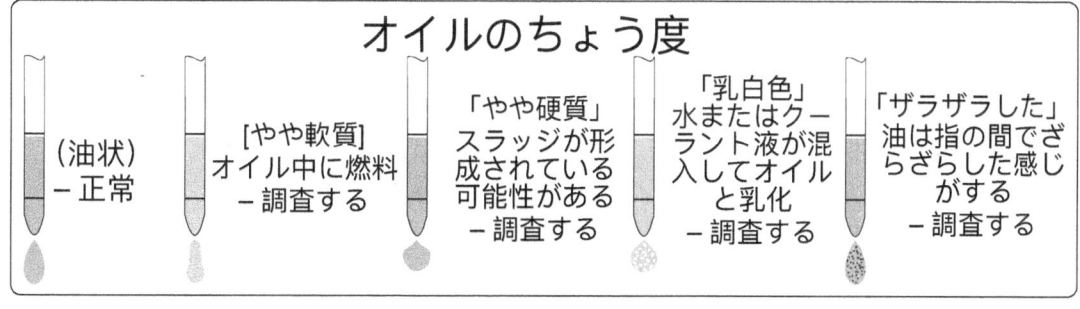

（油状）
− 正常

[やや軟質]
オイル中に燃料
− 調査する

「やや硬質」
スラッジが形
成されている
可能性がある
− 調査する

「乳白色」
水またはクー
ラント液が混
入してオイル
と乳化
− 調査する

「ザラザラした」
油は指の間でざ
らざらした感じ
がする
− 調査する

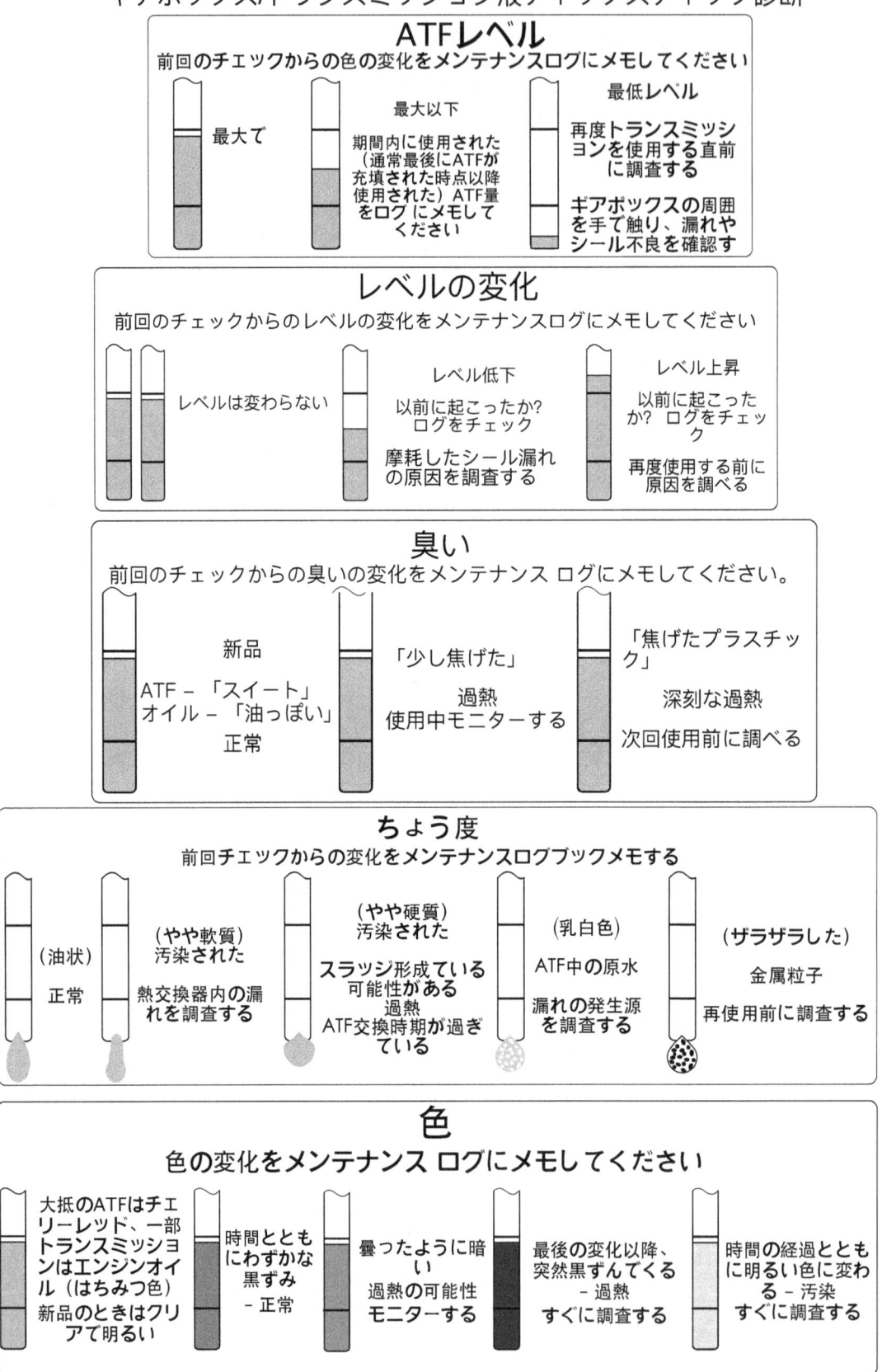

ギアボックス/トランスミッション液ディップスティック診断

ATFレベル
前回のチェックからの色の変化をメンテナンスログにメモしてください

最大で

最大以下
期間内に使用された（通常最後にATFが充填された時点以降使用された）ATF量をログにメモしてください

最低レベル
再度トランスミッションを使用する直前に調査する
ギアボックスの周囲を手で触り、漏れやシール不良を確認す

レベルの変化
前回のチェックからのレベルの変化をメンテナンスログにメモしてください

レベルは変わらない

レベル低下
以前に起こったか？ログをチェック
摩耗したシール漏れの原因を調査する

レベル上昇
以前に起こったか？ ログをチェック
再度使用する前に原因を調べる

臭い
前回のチェックからの臭いの変化をメンテナンス ログにメモしてください。

新品
ATF – 「スイート」
オイル – 「油っぽい」
正常

「少し焦げた」
過熱
使用中モニターする

「焦げたプラスチック」
深刻な過熱
次回使用前に調べる

ちょう度
前回チェックからの変化をメンテナンスログブックメモする

（油状）
正常

（やや軟質）
汚染された
熱交換器内の漏れを調査する

（やや硬質）
汚染された
スラッジ形成ている可能性がある
過熱
ATF交換時期が過ぎている

（乳白色）
ATF中の原水
漏れの発生源を調査する

（ザラザラした）
金属粒子
再使用前に調査する

色
色の変化をメンテナンス ログにメモしてください

大抵のATFはチェリーレッド、一部トランスミッションはエンジンオイル（はちみつ色）
新品のときはクリアて明るい

時間とともにわずかな黒ずみ
– 正常

曇ったように暗い
過熱の可能性
モニターする

最後の変化以降、突然黒ずんでくる
– 過熱
すぐに調査する

時間の経過とともに明るい色に変わる – 汚染
すぐに調査する

吊り下がりディップスティッ？ ク 正しい位置を確認する

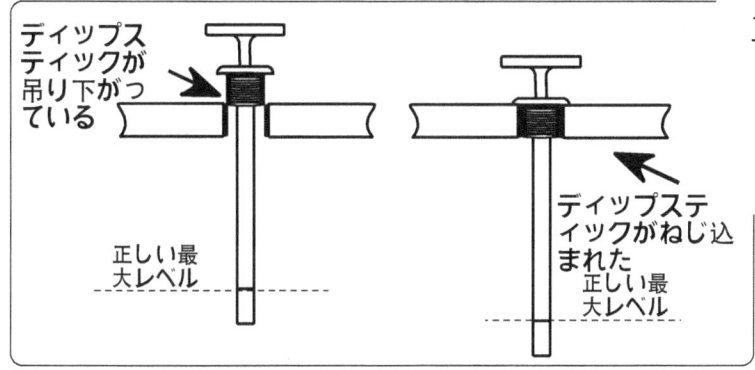

ディップス
ティックが
吊り下がっ
ている

正しい最
大レベル

ディップステ
ィックがねじ込
まれた
正しい最
大レベル

正しいATF レベルを確認
するためにギアボックス
のディップスティックを
「吊り下げる」必要があ
るかどうかをマニュアル
で確認してください

ホースとホースクランプの点検

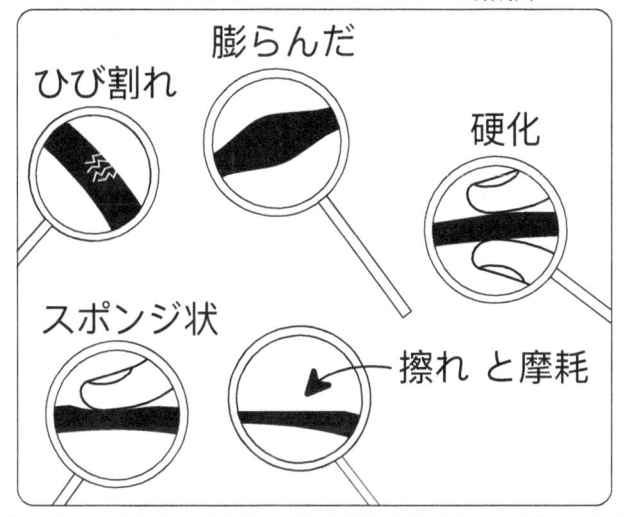

ひび割れ

膨らんだ

硬化

スポンジ状

擦れ と摩耗

点検

① ベストプラクティスは、少なくとも 3 ケ月ごとにす
べてのホースクランプを定期的に点検することです。
特にアクセスが難しく、見落とされがちなもの

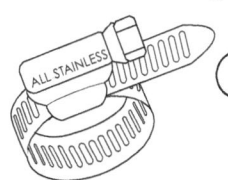

② ねじを回したときにホースバンドが動く
ことを確認する
クランプは無理に締めなくても、ぴったりと締
まっている必要がある

③ ネジは回るがバンドが固まっている場合
は、ホースクランプを交換する
多くの場合、隙間腐食によって引き起こされます

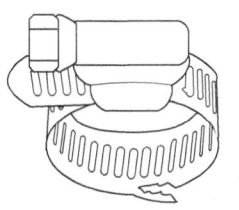

④ バンドが破れていれ
ば、ホースクランプ
を交換してください

⑤ 下側に錆がないかチェックしてください
ステンレスは錆びません

配線とターミナルの点検

損傷したワイヤはトラブルを助長する
腐食、電気抵抗
ワイヤストランドを弱める
迷走電流の経路
電気的障害、断続的な障害

ベスト プラクティスは、高品質の
マリングレードの配線を使用し、
サポート材を用いて、
慎重に引き回し、燃料、オイル、
グリースから保護すること。

**ディーゼル燃料、
オイル、グリース**
絶縁を弱める
ワイヤをきれいに保つ

浮遊ワイヤ
迷走電流と断続的な障害の根
源

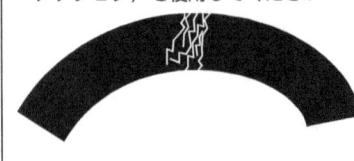

擦れと摩耗
気付かれないことが多い
ワイヤに沿って触って感じ取ってく
ださい
チェイフプロテクション（擦れプロ
テクション）を使用してください

ひび割れ
湿気の侵入を許す
経年劣化や熱により引き起こされる

溶融
排気に触れる
エンジンのオーバーヒート
アンペアに対してワイヤが小さす
ぎる過度の負荷抵抗

**切り傷、小さい欠け目と裂
け目**
湿気の侵入を許す
迷走電流と断続的な障害の根源

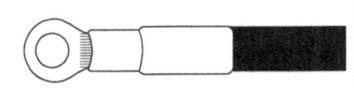

低品質の配線を使用して、敷設プラクティス
が不良であると、海洋環境で問題が発生する
ことは避けられません

**チューブが短いと熱収縮したと
きにワイヤストランドを十分に
カバーできず水分が滲みだす**

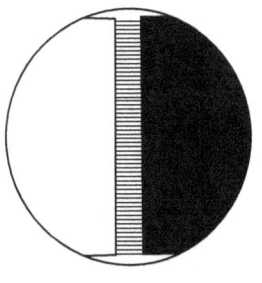

**ギャップ - 不適切な取り付
け**により湿気が侵入する
ワイヤが弱い箇所でたわむ

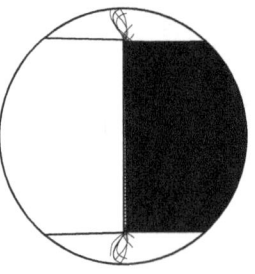

浮遊ストランド - 不適切な
取り付けにより、断続的な
障害と迷走電流が発生する
切り取ってテープで覆う

断熱材のひび割れ、破れ
切り取ってテープで覆う

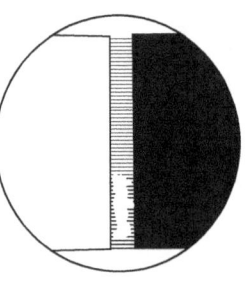

壊れたワイヤストランド
ワイヤの歪みまたは振動
ワイヤのルートを変更し、より多くのサポート
を提供するか、より長いワイヤに交換する

原水ポンプの点検

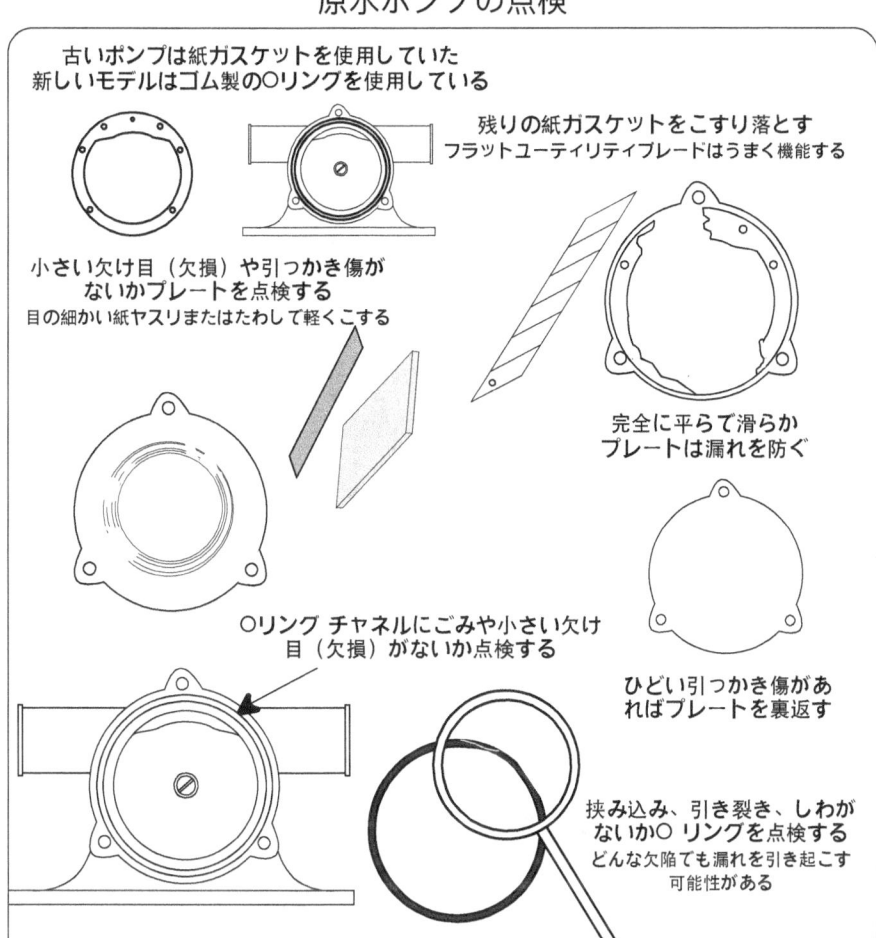

古いポンプは紙ガスケットを使用していた
新しいモデルはゴム製の○リングを使用している

残りの紙ガスケットをこすり落とす
フラットユーティリティブレードはうまく機能する

小さい欠け目（欠損）や引っかき傷が
ないかプレートを点検する
目の細かい紙ヤスリまたはたわしで軽くこする

完全に平らで滑らか
プレートは漏れを防ぐ

○リング チャネルにごみや小さい欠け
目（欠損）がないか点検する

ひどい引っかき傷があ
ればプレートを裏返す

挟み込み、引き裂き、しわが
ないか○ リングを点検する
どんな欠陥でも漏れを引き起こす
可能性がある

点検

ゴム製インペラーの点検

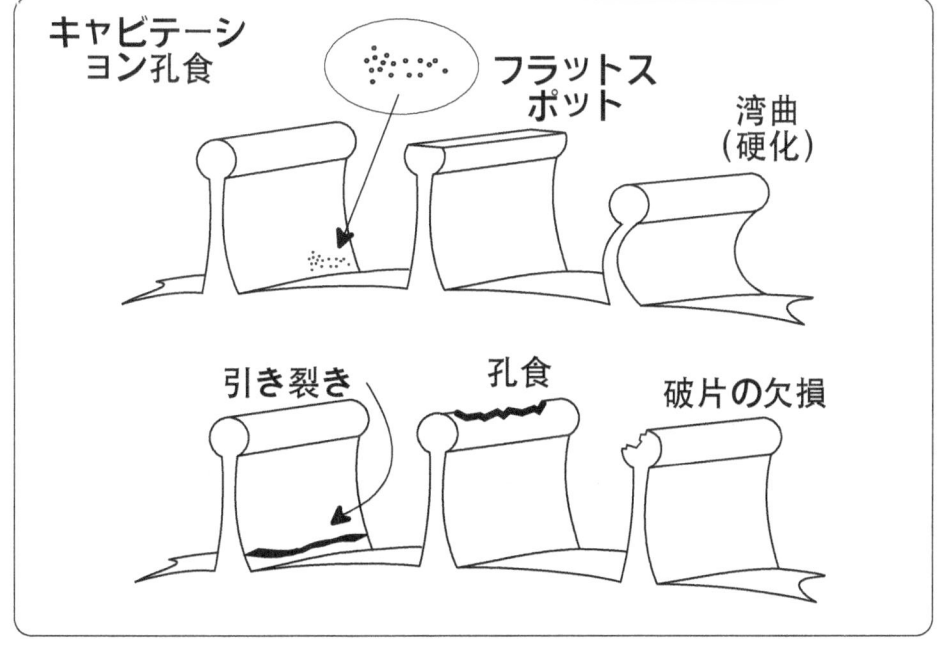

キャビテーシ
ョン孔食

フラットス
ポット

湾曲
（硬化）

引き裂き

孔食

破片の欠損

防食アノードの点検

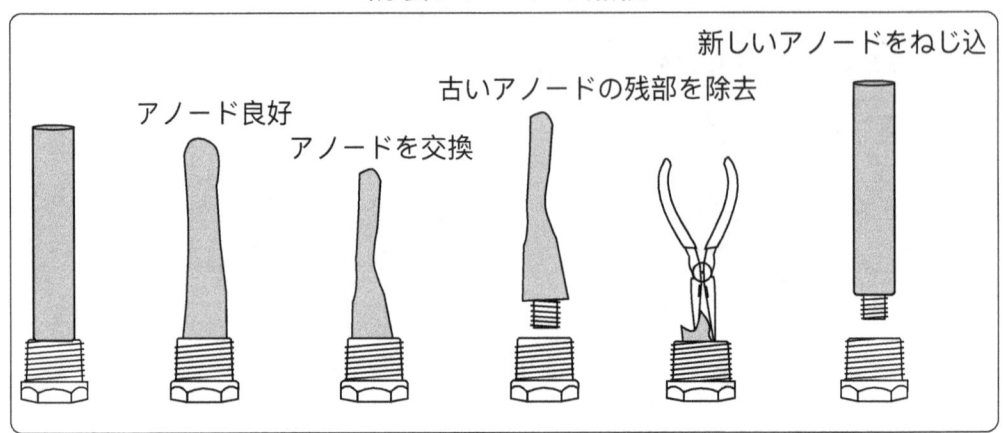

古いホースを利用したチェイフプロテクション （擦れ防止）

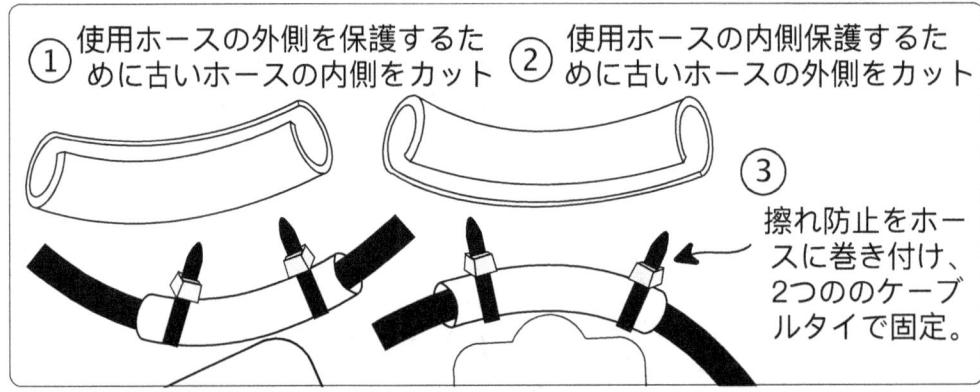

クーラント液・不凍液の点検

透明さ		必要なアクション
透明（クリア）	正常	
濁った（クラウディ）	異なるクーラント液が混合されている	排出し、フラッシュして新しいクーラント液を使用する
色		
明るい、澄んだ	正常	
茶色	異なるクーラント液が混合されている	排出し、フラッシュして新しいクーラント液を使用する
汚染		
堆積物「グリット」	添加剤、錆、スケールの析出	排出し、フラッシュして新しいクーラント液を使用する
油滴	エンジンオイルがクーラント液の中に漏れる	オイルクーラー、シリンダーの漏れ、ヘッドガスケットの漏れを調査

ベルトの寿命を延ばすには、正しい張力と位置合わせが不可欠です

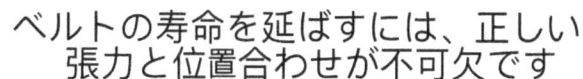

Vベルトのサンプル
プロファイルは大きく異なる
プーリーに一致する必要がある

側面が磨かれたか光沢のある
ベルトが滑っていた
ベルトを交換し、プーリーの壁を粗
くする

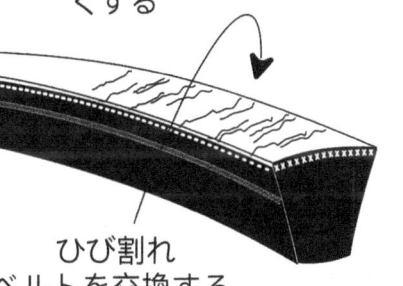

ひび割れ
ベルトを交換する

リブ付きVベルトのサンプル
プロファイルは大きく異なる
プーリーに正確に一致する必要がある

ピーリング（剥離）
ベルトを交換する

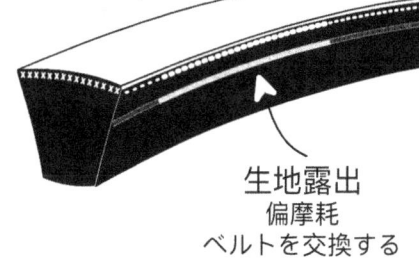

ベルトのほこりやベルト
の損傷は、張力またはア
ラインメントが正しくな
いことの兆候です

生地露出
偏摩耗
ベルトを交換する

点検

上端の破れ
ベルトの位置がプーリ
ー内で低すぎる
ベルトを交換する

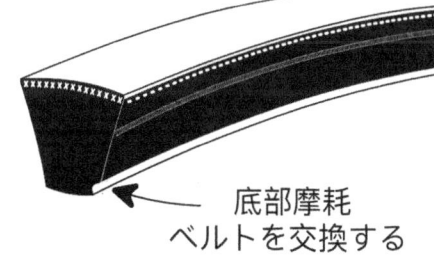

底部摩耗
ベルトを交換する

ノッチの摩耗または欠落
ベルトを交換する

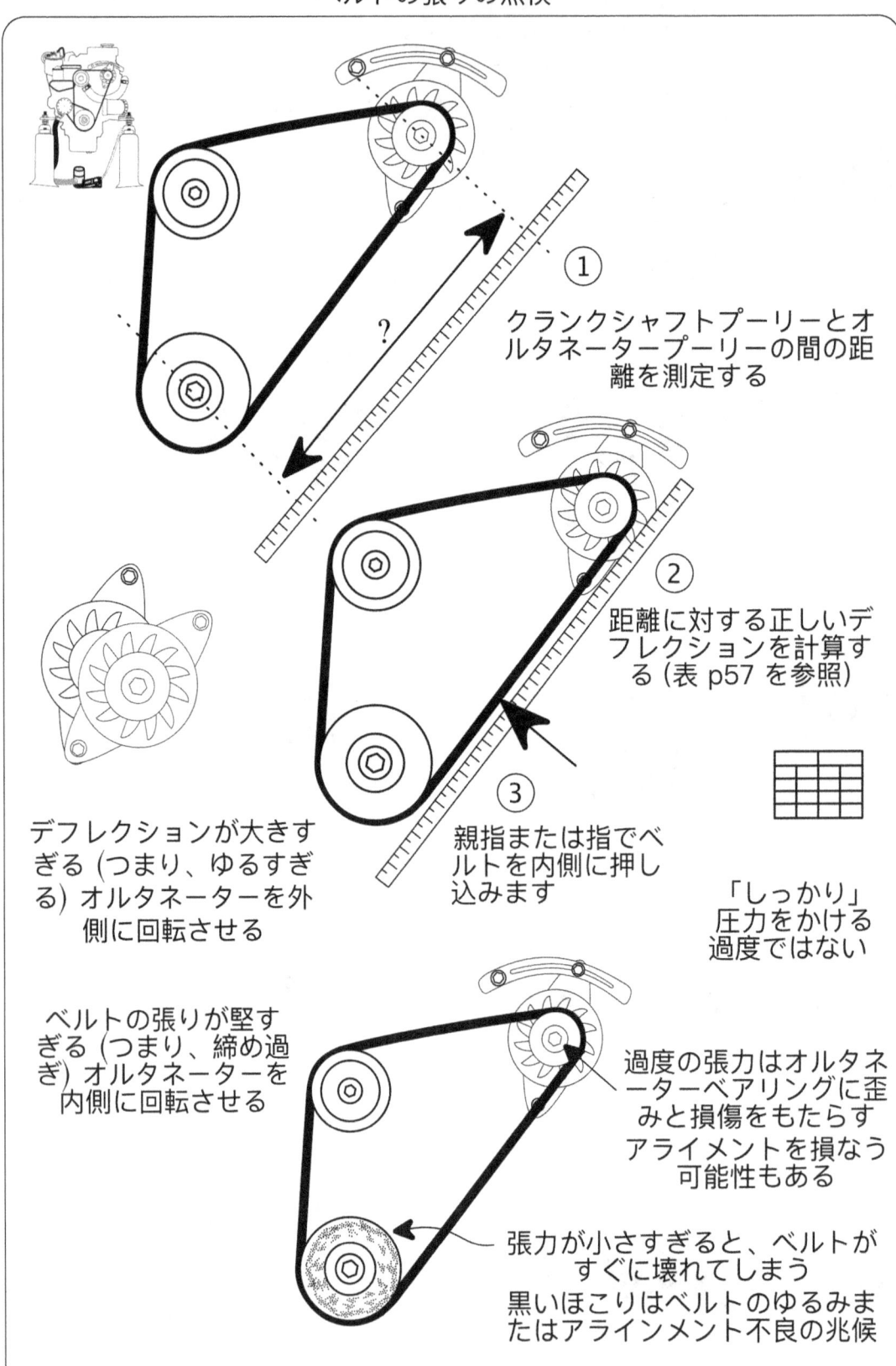

① クランクシャフトプーリーとオルタネータープーリーの間の距離を測定する

② 距離に対する正しいデフレクションを計算する（表 p57 を参照）

③ 親指または指でベルトを内側に押し込みます

デフレクションが大きすぎる（つまり、ゆるすぎる）オルタネーターを外側に回転させる

「しっかり」圧力をかける過度ではない

ベルトの張りが堅すぎる（つまり、締め過ぎ）オルタネーターを内側に回転させる

過度の張力はオルタネーターベアリングに歪みと損傷をもたらすアライメントを損なう可能性もある

張力が小さすぎると、ベルトがすぐに壊れてしまう

黒いほこりはベルトのゆるみまたはアライメント不良の兆候

プーリーの点検

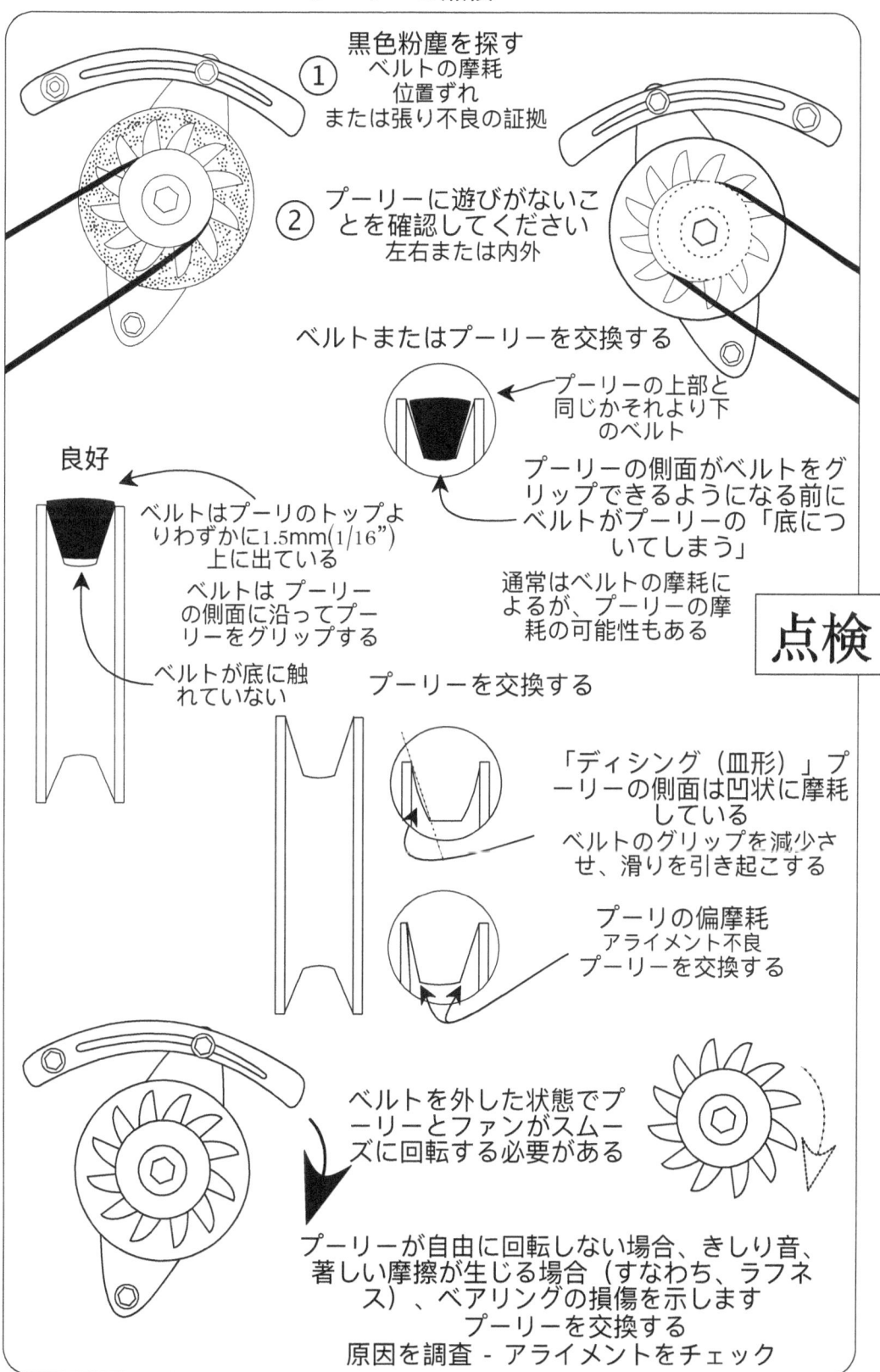

① 黒色粉塵を探す
ベルトの摩耗
位置ずれ
または張り不良の証拠

② プーリーに遊びがないことを確認してください
左右または内外

ベルトまたはプーリーを交換する

プーリーの上部と同じかそれより下のベルト

プーリーの側面がベルトをグリップできるようになる前にベルトがプーリーの「底についてしまう」

通常はベルトの摩耗によるが、プーリーの摩耗の可能性もある

良好

ベルトはプーリのトップよりわずかに1.5mm(1/16")上に出ている
ベルトは プーリーの側面に沿ってプーリーをグリップする

ベルトが底に触れていない

プーリーを交換する

「ディシング（皿形）」プーリーの側面は凹状に摩耗している
ベルトのグリップを減少させ、滑りを引き起こす

プーリの偏摩耗
アライメント不良
プーリーを交換する

点検

ベルトを外した状態でプーリーとファンがスムーズに回転する必要がある

プーリーが自由に回転しない場合、きしり音、著しい摩擦が生じる場合（すなわち、ラフネス）、ベアリングの損傷を示します
プーリーを交換する
原因を調査 - アライメントをチェック

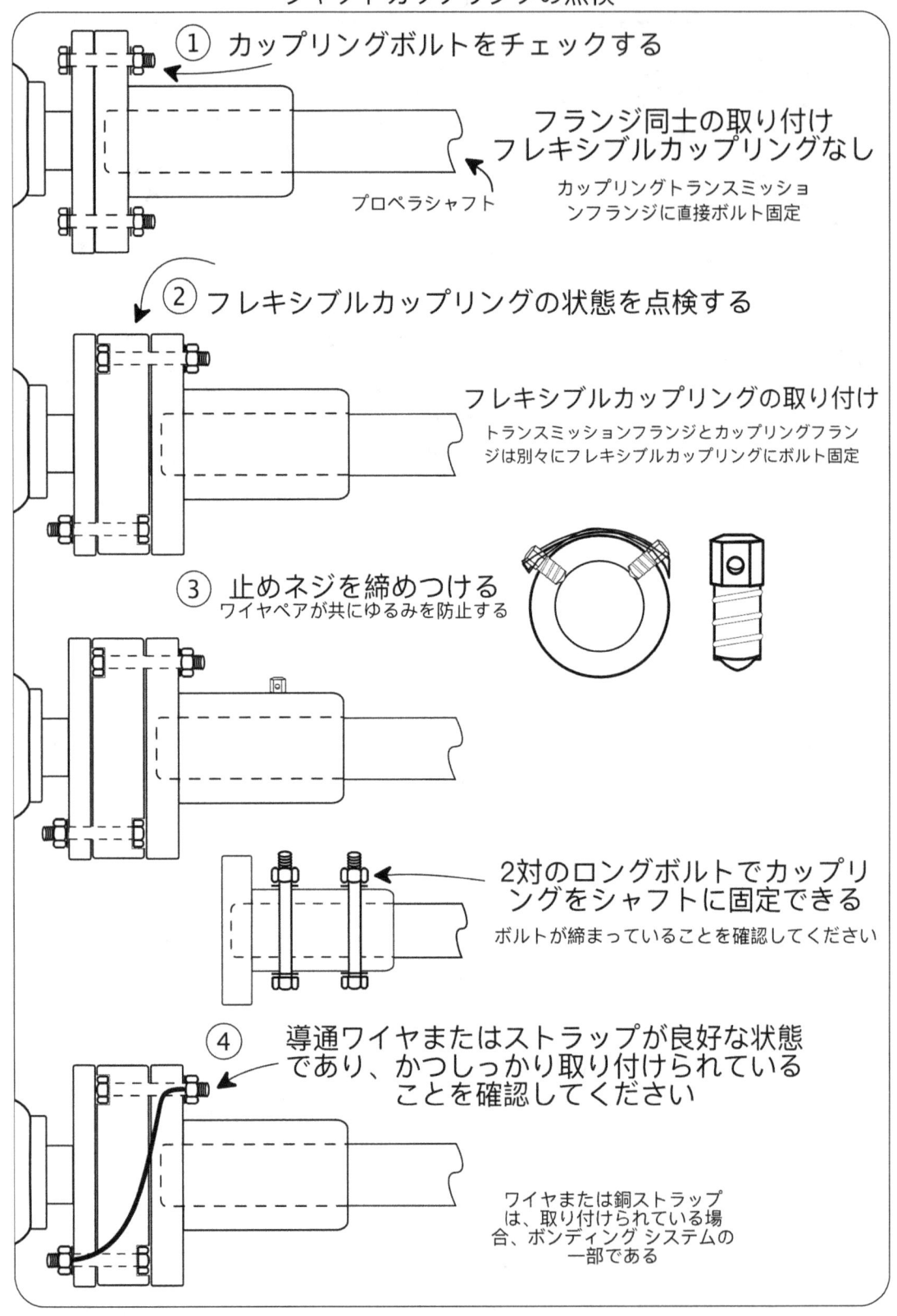

① カップリングボルトをチェックする

フランジ同士の取り付け
フレキシブルカップリングなし

プロペラシャフト

カップリングトランスミッショ
ンフランジに直接ボルト固定

② フレキシブルカップリングの状態を点検する

フレキシブルカップリングの取り付け

トランスミッションフランジとカップリングフランジは別々にフレキシブルカップリングにボルト固定

③ 止めネジを締めつける
ワイヤペアが共にゆるみを防止する

2対のロングボルトでカップリングをシャフトに固定できる

ボルトが締まっていることを確認してください

④ 導通ワイヤまたはストラップが良好な状態であり、かつしっかり取り付けられていることを確認してください

ワイヤまたは銅ストラップは、取り付けられている場合、ボンディングシステムの一部である

プロペラシャフトの点検

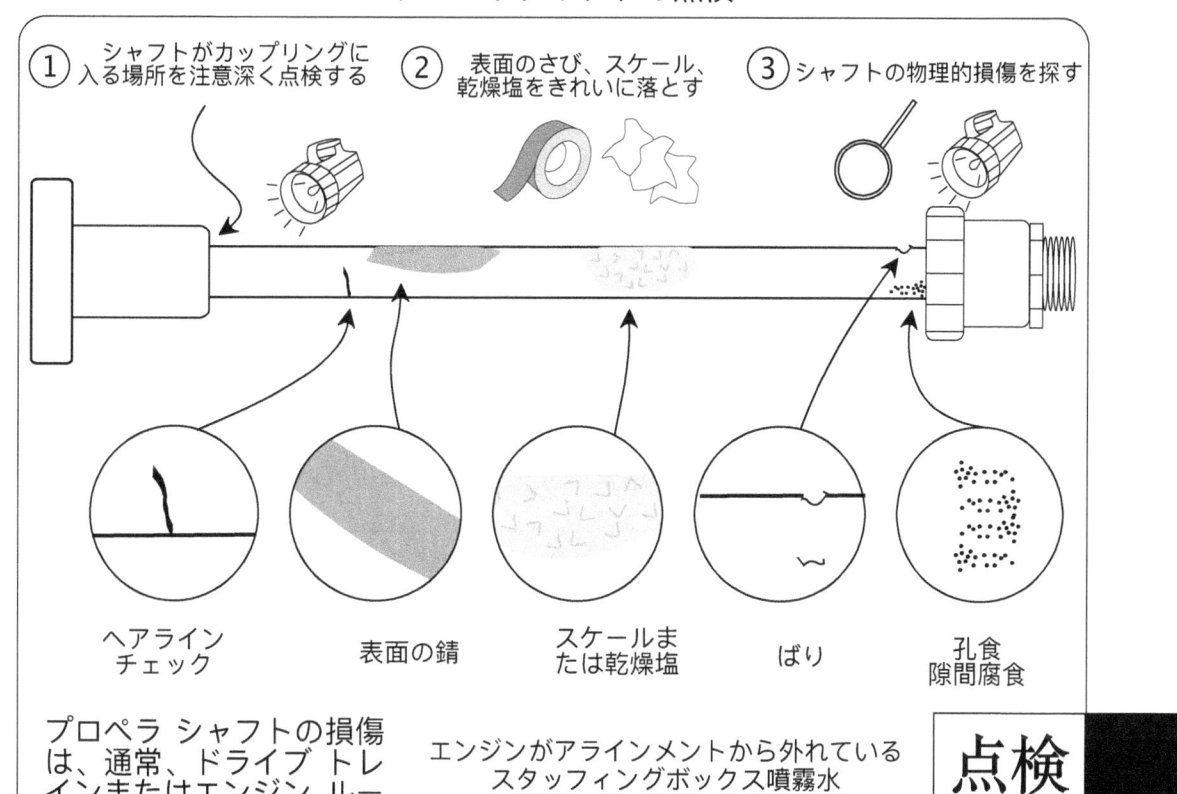

① シャフトがカップリングに入る場所を注意深く点検する

② 表面のさび、スケール、乾燥塩をきれいに落とす

③ シャフトの物理的損傷を探す

ヘアライン
チェック

表面の錆

スケールまたは乾燥塩

ばり

孔食
隙間腐食

プロペラ シャフトの損傷は、通常、ドライブ トレインまたはエンジン ルームの他の問題の証拠です。

エンジンがアラインメントから外れている
スタッフィングボックス噴霧水
前回のメンテナンスが不足

点検

ベルトの張りの点検

プーリーの中間に親指で「しっかり」力をかける

プーリー間の距離		ベルトのデフレクション	
cm	インチ	mm	分数インチ
30	12	2 mm	3/16"
35	14	5 mm	1/4"
40	16	6.5 mm	1/4"
45	18	7.5 mm	9/32"

ドリップレスシャフトシールの点検

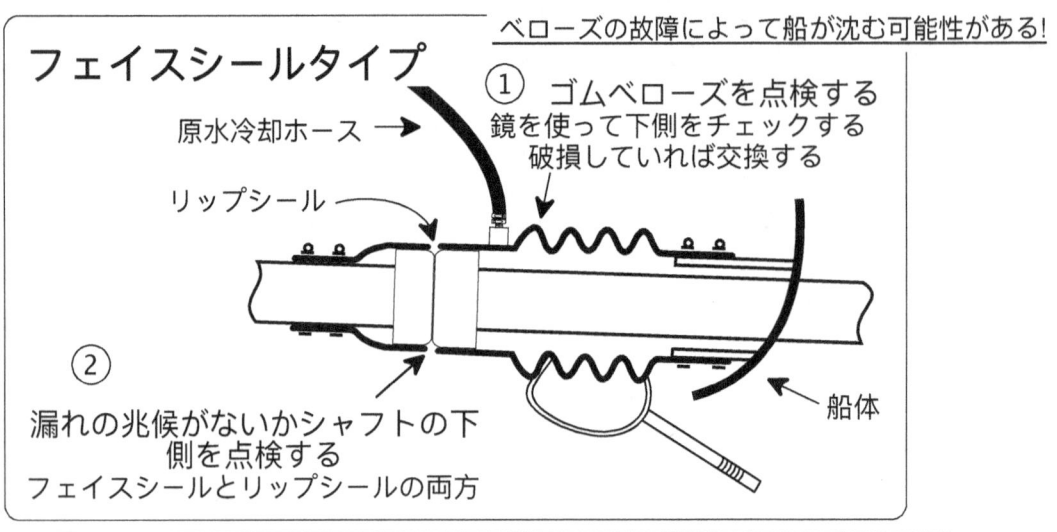

フェイスシールタイプ

ベローズの故障によって船が沈む可能性がある!

原水冷却ホース →

リップシール

① ゴムベローズを点検する
鏡を使って下側をチェックする
破損していれば交換する

船体

②
漏れの兆候がないかシャフトの下
側を点検する
フェイスシールとリップシールの両方

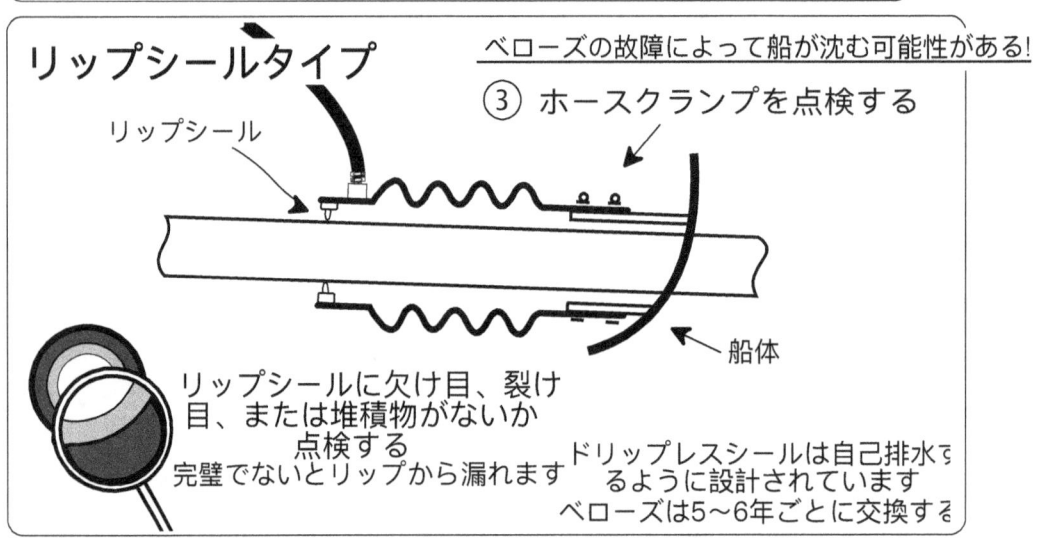

リップシールタイプ

ベローズの故障によって船が沈む可能性がある!

リップシール

③ ホースクランプを点検する

船体

リップシールに欠け目、裂け
目、または堆積物がないか
点検する
完璧でないとリップから漏れます

ドリップレスシールは自己排水で
るように設計されています
ベローズは5～6年ごとに交換する

従来のスタッフィングボックスのゴムホースの点検

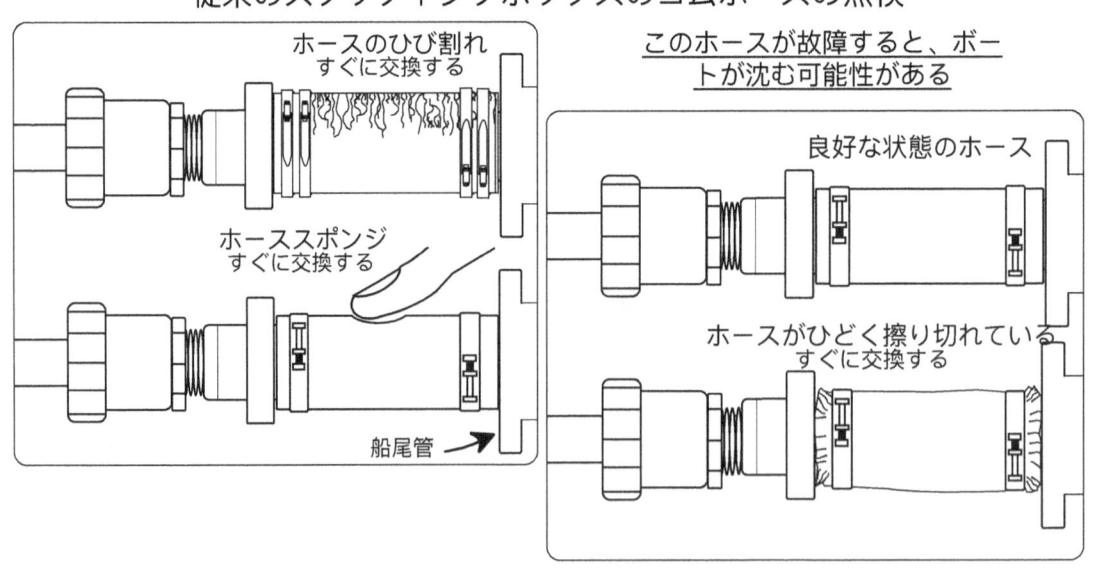

ホースのひび割れ
すぐに交換する

このホースが故障すると、ボー
トが沈む可能性がある

良好な状態のホース

ホーススポンジ
すぐに交換する

ホースがひどく擦り切れている
すぐに交換する

船尾管 →

ゴム製カットラスベアリングの点検

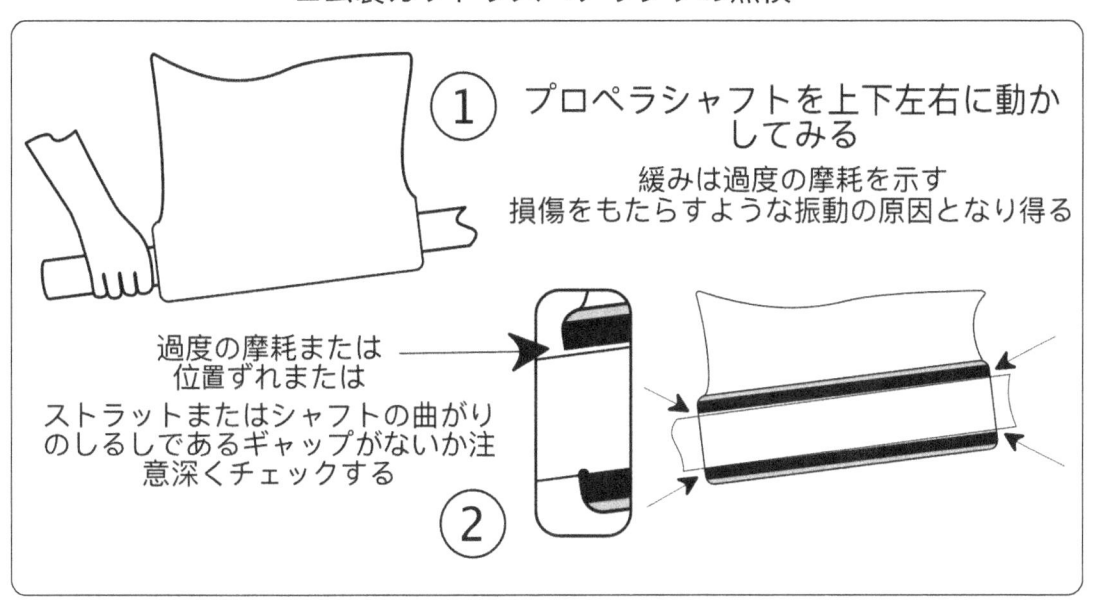

① プロペラシャフトを上下左右に動かしてみる

緩みは過度の摩耗を示す
損傷をもたらすような振動の原因となり得る

過度の摩耗または
位置ずれまたは
ストラットまたはシャフトの曲がり
のしるしであるギャップがないか注
意深くチェックする

②

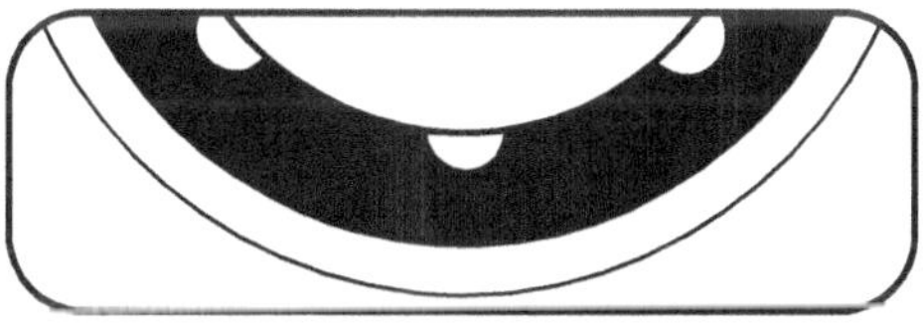

正常

新しいベアリングは、ギ
ャップがほとんど目立たな
い最小の均一な状態で嵌る

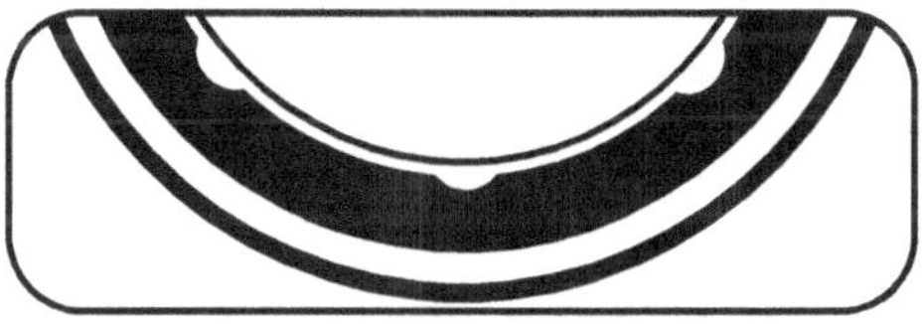

過剰な摩耗

ベアリングが摩耗していると、
プロペラ シャフトが左右に動く
ことが可能になる － 緩んだ感じ

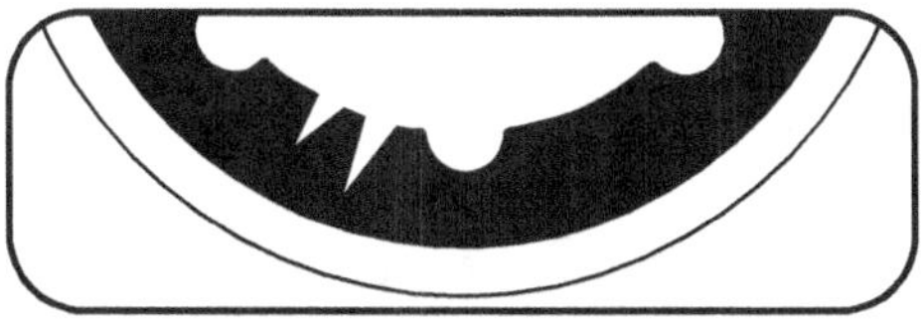

ゴムの引き裂き

ゴムが引き裂かれていれば、カットラス
ベアリングを交換する
ベアリングの欠陥により振動が発生する

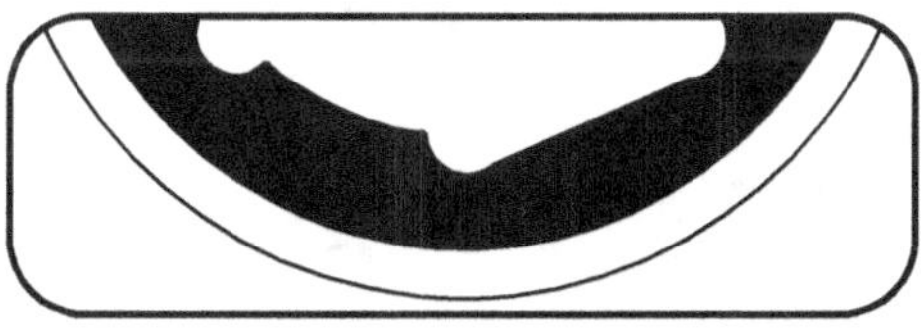

ゴムの欠損

ゴムが欠損していればカットラス
ベアリングを交換する
ベアリングの欠陥により振動が発生する

シャフトストラットの点検

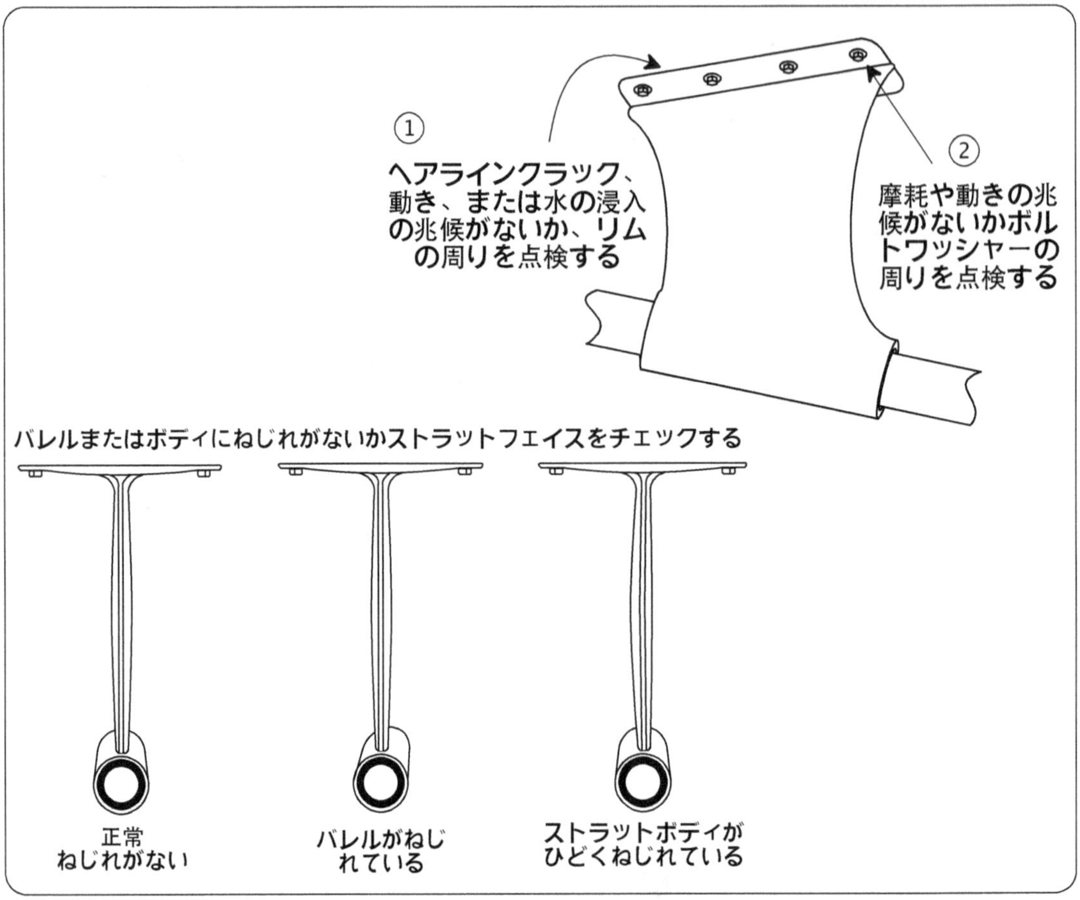

① ヘアラインクラック、動き、または水の浸入の兆候がないか、リムの周りを点検する

② 摩耗や動きの兆候がないかボルトワッシャーの周りを点検する

バレルまたはボディにねじれがないかストラットフェイスをチェックする

正常
ねじれがない

バレルがねじ
れている

ストラットボディが
ひどくねじれている

プロペラの点検

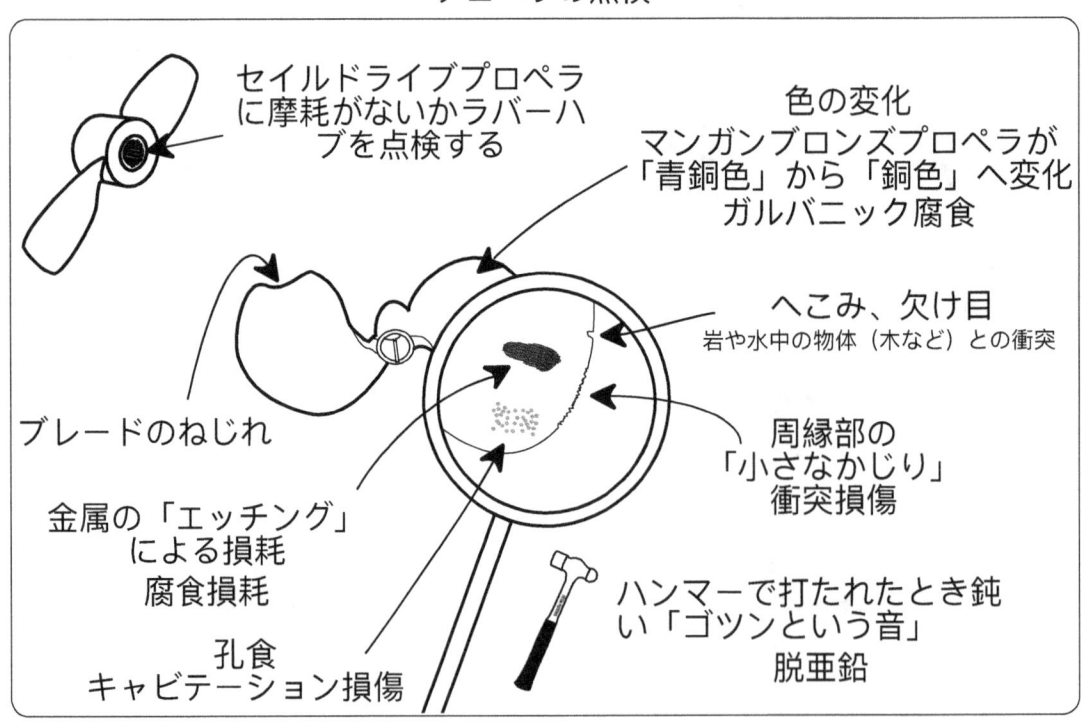

セイルドライブプロペラに摩耗がないかラバーハブを点検する

色の変化
マンガンブロンズプロペラが
「青銅色」から「銅色」へ変化
ガルバニック腐食

へこみ、欠け目
岩や水中の物体（木など）との衝突

ブレードのねじれ

周縁部の
「小さなかじり」
衝突損傷

金属の「エッチング」
による損耗
腐食損耗

孔食
キャビテーション損傷

ハンマーで打たれたとき鈍い「ゴツンという音」
脱亜鉛

セイルドライブ - 内部ゴム製シールリングとウオーターセンサーアラームの点検

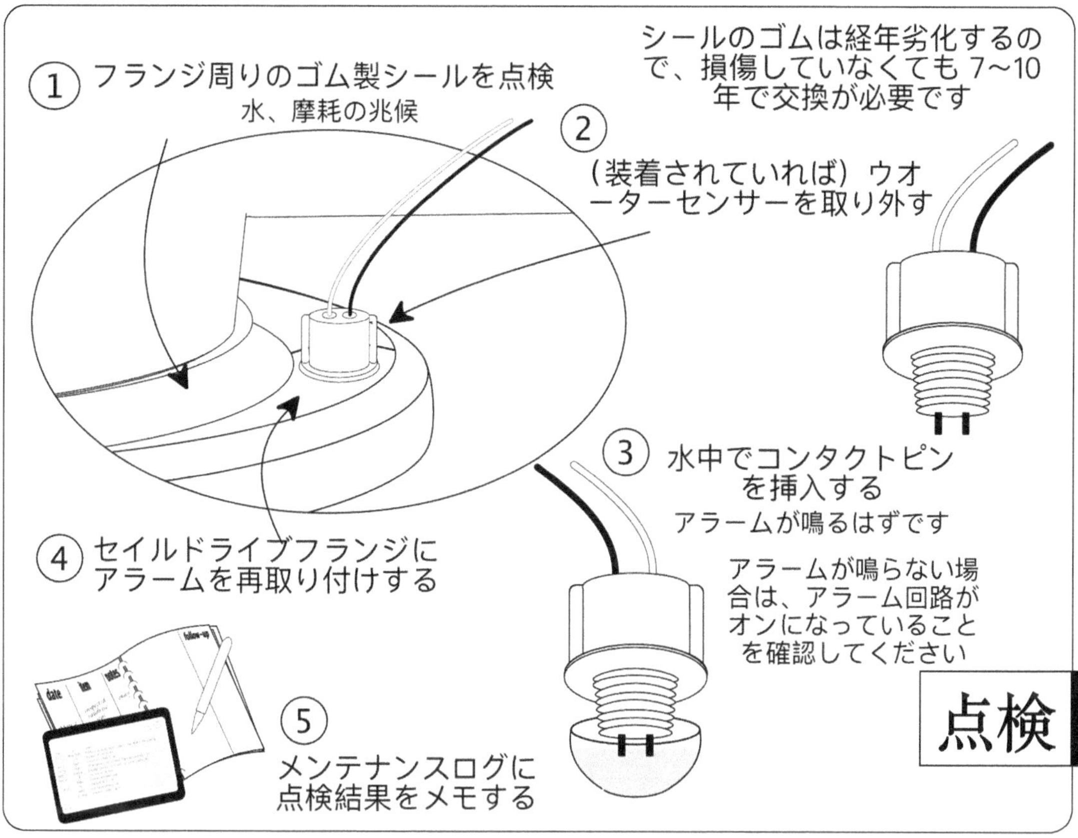

① フランジ周りのゴム製シールを点検
水、摩耗の兆候

シールのゴムは経年劣化するので、損傷していなくても 7〜10 年で交換が必要です

② (装着されていれば) ウオーターセンサーを取り外す

③ 水中でコンタクトピンを挿入する
アラームが鳴るはずです

アラームが鳴らない場合は、アラーム回路がオンになっていることを確認してください

④ セイルドライブフランジにアラームを再取り付けする

⑤ メンテナンスログに点検結果をメモする

点検

水密シール(内部ゴム製シールリング、ブーツ、ブラダー、シール膜)

セイルドライブ（船体を貫通する）の上部と下部の間に装着した、ゴム製ダブルメンブレン(ブーツ)は、ボートへの浸水を防ぎます。 ただし、故障が発生すると船が沈没する可能性があります。 一部のモデルには、内蔵センサーとアラーム(信頼性の高い電気システムが必要です)が装備されています。ブーツは 7 〜 10 年ごとに交換する必要があります。 これは通常、ディーラーのみの手順です。

ブーツ交換を怠ると、船舶保険が無効になる場合があります。

さらに、船体の開口部周辺の乱流を低減するためにセイルドライブの周りの船体に長方形のゴム製フェアリングフランジを「接着」することができます。 この外装ブーツは水密シールの一部ではなく、水密シール（ボートの船体の内側）に影響を与えません。

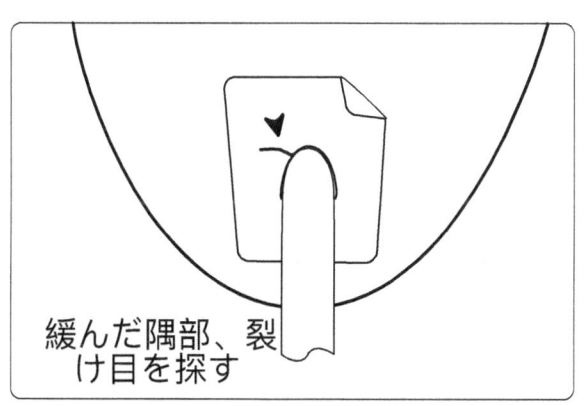

緩んだ隅部、裂け目を探す

修理は剥離性接着剤（永久的接着剤は不可）で行なうことができます - 接着性を向上させるための船体とゴムを粗面化する

ログブックへの記入

開始日 _____

日付	項目	メモ

日付	項目	メモ
		ログブック

日付	項目	メモ

日付	項目	メモ

ログブック

日付	項目	メモ

日付	項目	メモ
		ログブック

日付	項目	メモ

日付	項目	メモ

ログブック

日付	項目	メモ

日付	項目	メモ
		ログブック

日付	項目	メモ

日付	項目	メモ
		ログブック

日付	項目	メモ

日付	項目	メモ
		ログブック

日付	項目	メモ

日付	項目	メモ
		ログブック

日付	項目	メモ

日付	項目	メモ

ログブック

日付	項目	メモ

日付	項目	メモ

ログブック

日付	項目	メモ

日付	項目	メモ

ログブック

日付	項目	メモ

日付	項目	メモ

ログブック

日付	項目	メモ

日付	項目	メモ
		ログブック

日付	項目	メモ

日付	項目	メモ
		ログブック

日付	項目	メモ

日付	項目	メモ
		ログブック

日付	項目	メモ

日付	項目	メモ

ログブック

日付	項目	メモ

日付	項目	メモ

ログブック

日付	項目	メモ

日付	項目	メモ
		ログブック

日付	項目	メモ

日付	項目	メモ
		ログブック

日付	項目	メモ

日付	項目	メモ

ログブック

日付	項目	メモ

日付	項目	メモ

ログブック

日付	項目	メモ

日付	項目	メモ

ログブック

日付	項目	メモ

日付	項目	メモ

ログブック

日付	項目	メモ

日付	項目	メモ

ログブック

日付	項目	メモ

日付	項目	メモ

ログブック

日付	項目	メモ

日付	項目	メモ

ログブック

日付	項目	メモ

日付	項目	メモ

ログブック

日付	項目	メモ

日付	項目	メモ

ログブック

日付	項目	メモ

日付	項目	メモ

ログブック

日付	項目	メモ

日付	項目	メモ
		ログブック

日付	項目	メモ

日付	項目	メモ
		ログブック

日付	項目	メモ

日付	項目	メモ
		ログブック

日付	項目	メモ

日付	項目	メモ

ログブック

日付	項目	メモ

日付	項目	メモ
		ログブック

日付	項目	メモ

日付	項目	メモ
		ログブック

日付	項目	メモ

日付	項目	メモ

ログブック

日付	項目	メモ

日付	項目	メモ

ログブック

日付	項目	メモ

日付	項目	メモ

ログブック

日付	項目	メモ

日付	項目	メモ
		ログブック

日付	項目	メモ

日付	項目	メモ

ログブック

日付	項目	メモ

日付	項目	メモ

ログブック

日付	項目	メモ

日付	項目	メモ

ログブック

日付	項目	メモ

日付	項目	メモ
		ログブック

日付	項目	メモ

日付	項目	メモ
		ログブック

日付	項目	メモ

日付	項目	メモ
		ログブック

日付	項目	メモ

日付	項目	メモ

ログブック

日付	項目	メモ

日付	項目	メモ

ログブック

日付	項目	メモ

日付	項目	メモ
		ログブック

日付	項目	メモ

日付	項目	メモ
		ログブック

日付	項目	メモ

日付	項目	メモ
		ログブック

日付	項目	メモ

日付	項目	メモ
		ログブック

日付	項目	メモ

日付	項目	メモ
		ログブック

日付	項目	メモ

日付	項目	メモ
		ログブック

日付	項目	メモ

日付	項目	メモ
		ログブック

日付	項目	メモ

日付	項目	メモ
		ログブック

日付	項目	メモ

日付	項目	メモ
		ログブック

日付	項目	メモ

日付	項目	メモ

ログブック

日付	項目	メモ

日付	項目	メモ
		ログブック

日付	項目	メモ

日付	項目	メモ

ログブック

日付	項目	メモ

日付	項目	メモ
		ログブック

日付	項目	メモ

日付	項目	メモ

ログブック

日付	項目	メモ

日付	項目	メモ
		ログブック

日付	項目	メモ

日付	項目	メモ
		ログブック

日付	項目	メモ

日付	項目	メモ
		ログブック

日付	項目	メモ

日付	項目	メモ
		ログブック

日付	項目	メモ

日付	項目	メモ

ログブック

日付	項目	メモ

日付	項目	メモ
		ログブック

日付	項目	メモ

日付	項目	メモ
		ログブック

日付	項目	メモ

日付	項目	メモ

ログブック

日付	項目	メモ

日付	項目	メモ
		ログブック

日付	項目	メモ

日付	項目	メモ
		ログブック

日付	項目	メモ

日付	項目	メモ
		ログブック

完了日 _____

まとめ

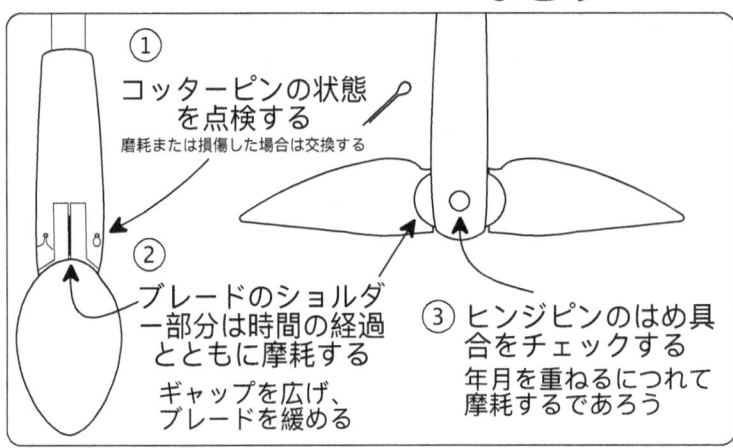

① コッターピンの状態を点検する
磨耗または損傷した場合は交換する

② ブレードのショルダー部分は時間の経過とともに摩耗する

ギャップを広げ、ブレードを緩める

③ ヒンジピンのはめ具合をチェックする
年月を重ねるにつれて摩耗するであろう

フォルディングプロペラの点検

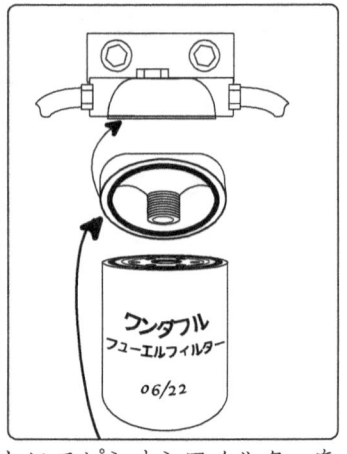

ワンダフル
フューエルフィルター
06/22

新しいスピンオンフィルターを取り付けるときは、古いガスケットを取り外す

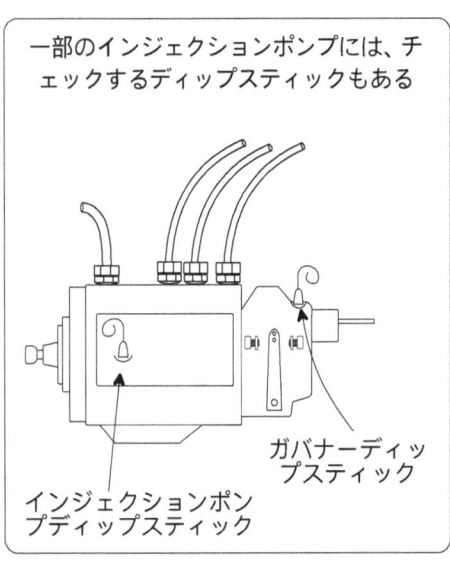

一部のインジェクションポンプには、チェックするディップスティックもある

ガバナーディップスティック

インジェクションポンプディップスティック

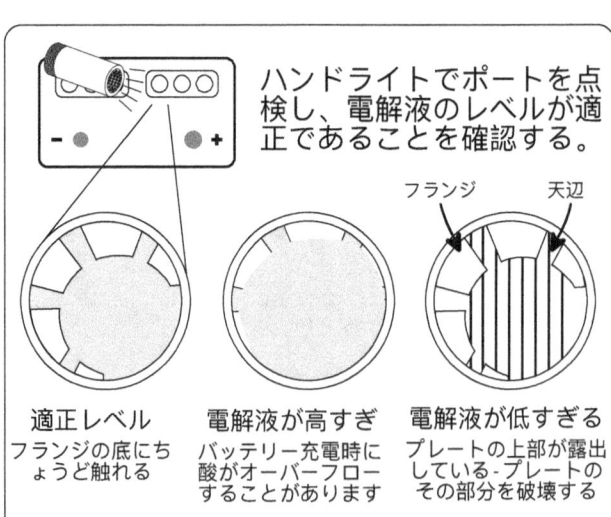

ハンドライトでポートを点検し、電解液のレベルが適正であることを確認する。

フランジ　天辺

適正レベル
フランジの底にちょうど触れる

電解液が高すぎ
バッテリー充電時に酸がオーバーフローすることがあります

電解液が低すぎる
プレートの上部が露出している- プレートのその部分を破壊する

オープン型湿式バッテリーの電解液レベルをチェックする

ディーゼル燃料ログ

日付	機関運転時間	タンク番号	プレフィル 有/無	ログ頁
タンク内燃料 L	追加燃料 L		タンク内の総燃料 L	
日付	機関運転時間	タンク番号	プレフィル 有/無	ログ頁
タンク内燃料 L	追加燃料 L		タンク内の総燃料 L	
日付	機関運転時間	タンク番号	プレフィル 有/無	ログ頁
タンク内燃料 L	追加燃料 L		タンク内の総燃料 L	
日付	機関運転時間	タンク番号	プレフィル 有/無	ログ頁
タンク内燃料 L	追加燃料 L		タンク内の総燃料 L	
日付	機関運転時間	タンク番号	プレフィル 有/無	ログ頁
タンク内燃料 L	追加燃料 L		タンク内の総燃料 L	
日付	機関運転時間	タンク番号	プレフィル 有/無	ログ頁
タンク内燃料 L	追加燃料 L		タンク内の総燃料 L	

プレフィル−燃料フィルタ
−漏斗を使用して事前にろ過
ログ頁−「ログブックへの記入」
L−リットル

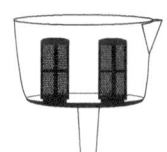

フィルタ
ー漏斗

まとめ

日付	機関運転時間	タンク番号	プレフィル 有/無	ログ頁
タンク内燃料 L	追加燃料 L		タンク内の総燃料 L	
日付	機関運転時間	タンク番号	プレフィル 有/無	ログ頁
タンク内燃料 L	追加燃料 L		タンク内の総燃料 L	
日付	機関運転時間	タンク番号	プレフィル 有/無	ログ頁
タンク内燃料 L	追加燃料 L		タンク内の総燃料 L	
日付	機関運転時間	タンク番号	プレフィル 有/無	ログ頁
タンク内燃料 L	追加燃料 L		タンク内の総燃料 L	

ディーゼル燃料ログ

メモ _____

日付	機関運転時間	タンク番号	プレフィル 有/無	ログ頁
タンク内燃料		追加燃料	タンク内の総燃料	

日付	機関運転時間	タンク番号	プレフィル 有/無	ログ頁
タンク内燃料		追加燃料	タンク内の総燃料	

日付	機関運転時間	タンク番号	プレフィル 有/無	ログ頁
タンク内燃料		追加燃料	タンク内の総燃料	

日付	機関運転時間	タンク番号	プレフィル 有/無	ログ頁
タンク内燃料		追加燃料	タンク内の総燃料	

日付	機関運転時間	タンク番号	プレフィル 有/無	ログ頁
タンク内燃料		追加燃料	タンク内の総燃料	

日付	機関運転時間	タンク番号	プレフィル 有/無	ログ頁
タンク内燃料		追加燃料	タンク内の総燃料	

日付	機関運転時間	タンク番号	プレフィル 有/無	ログ頁
タンク内燃料		追加燃料	タンク内の総燃料	

日付	機関運転時間	タンク番号	プレフィル 有/無	ログ頁
タンク内燃料		追加燃料	タンク内の総燃料	

日付	機関運転時間	タンク番号	プレフィル 有/無	ログ頁
タンク内燃料		追加燃料	タンク内の総燃料	

日付	機関運転時間	タンク番号	プレフィル 有/無	ログ頁
タンク内燃料		追加燃料	タンク内の総燃料	

日付	機関運転時間	タンク番号	プレフィル 有/無	ログ頁
タンク内燃料		追加燃料	タンク内の総燃料	

ディーゼル燃料ログ

日付	機関運転時間	タンク番号	プレフィル 有/無	ログ頁
タンク内燃料	追加燃料		タンク内の総燃料	
L		L		L

日付	機関運転時間	タンク番号	プレフィル 有/無	ログ頁
タンク内燃料	追加燃料		タンク内の総燃料	
L		L		L

日付	機関運転時間	タンク番号	プレフィル 有/無	ログ頁
タンク内燃料	追加燃料		タンク内の総燃料	
L		L		L

日付	機関運転時間	タンク番号	プレフィル 有/無	ログ頁
タンク内燃料	追加燃料		タンク内の総燃料	
L		L		L

日付	機関運転時間	タンク番号	プレフィル 有/無	ログ頁
タンク内燃料	追加燃料		タンク内の総燃料	
L		L		L

日付	機関運転時間	タンク番号	プレフィル 有/無	ログ頁
タンク内燃料	追加燃料		タンク内の総燃料	
L		L		L

プレフィル – 燃料フィルタ
ー漏斗を使用して事前にろ過
ログ頁 – 「ログブックへの記入」
L – リットル

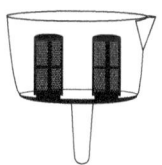

フィルタ
ー漏斗

まとめ

日付	機関運転時間	タンク番号	プレフィル 有/無	ログ頁
タンク内燃料	追加燃料		タンク内の総燃料	
L		L		L

日付	機関運転時間	タンク番号	プレフィル 有/無	ログ頁
タンク内燃料	追加燃料		タンク内の総燃料	
L		L		L

日付	機関運転時間	タンク番号	プレフィル 有/無	ログ頁
タンク内燃料	追加燃料		タンク内の総燃料	
L		L		L

日付	機関運転時間	タンク番号	プレフィル 有/無	ログ頁
タンク内燃料	追加燃料		タンク内の総燃料	
L		L		L

ディーゼル燃料ログ

メモ _____

日付	機関運転時間	タンク番号	プレフィル 有/無	ログ頁
タンク内燃料		追加燃料	タンク内の総燃料	

日付	機関運転時間	タンク番号	プレフィル 有/無	ログ頁
タンク内燃料		追加燃料	タンク内の総燃料	

日付	機関運転時間	タンク番号	プレフィル 有/無	ログ頁
タンク内燃料		追加燃料	タンク内の総燃料	

日付	機関運転時間	タンク番号	プレフィル 有/無	ログ頁
タンク内燃料		追加燃料	タンク内の総燃料	

日付	機関運転時間	タンク番号	プレフィル 有/無	ログ頁
タンク内燃料		追加燃料	タンク内の総燃料	

日付	機関運転時間	タンク番号	プレフィル 有/無	ログ頁
タンク内燃料		追加燃料	タンク内の総燃料	

日付	機関運転時間	タンク番号	プレフィル 有/無	ログ頁
タンク内燃料		追加燃料	タンク内の総燃料	

日付	機関運転時間	タンク番号	プレフィル 有/無	ログ頁
タンク内燃料		追加燃料	タンク内の総燃料	

日付	機関運転時間	タンク番号	プレフィル 有/無	ログ頁
タンク内燃料		追加燃料	タンク内の総燃料	

日付	機関運転時間	タンク番号	プレフィル 有/無	ログ頁
タンク内燃料		追加燃料	タンク内の総燃料	

日付	機関運転時間	タンク番号	プレフィル 有/無	ログ頁
タンク内燃料		追加燃料	タンク内の総燃料	

ディーゼル燃料ログ

日付	機関運転時間	タンク番号	プレフィル 有/無	ログ頁
タンク内燃料 L		追加燃料 L	タンク内の総燃料 L	

日付	機関運転時間	タンク番号	プレフィル 有/無	ログ頁
タンク内燃料 L		追加燃料 L	タンク内の総燃料 L	

日付	機関運転時間	タンク番号	プレフィル 有/無	ログ頁
タンク内燃料 L		追加燃料 L	タンク内の総燃料 L	

日付	機関運転時間	タンク番号	プレフィル 有/無	ログ頁
タンク内燃料 L		追加燃料 L	タンク内の総燃料 L	

日付	機関運転時間	タンク番号	プレフィル 有/無	ログ頁
タンク内燃料 L		追加燃料 L	タンク内の総燃料 L	

日付	機関運転時間	タンク番号	プレフィル 有/無	ログ頁
タンク内燃料 L		追加燃料 L	タンク内の総燃料 L	

プレフィル – 燃料フィルタ
–漏斗を使用して事前にろ過
ログ頁 –「ログブックへの記入」
L – リットル

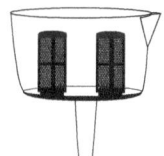

フィルタ
－漏斗

まとめ

日付	機関運転時間	タンク番号	プレフィル 有/無	ログ頁
タンク内燃料 L		追加燃料 L	タンク内の総燃料 L	

日付	機関運転時間	タンク番号	プレフィル 有/無	ログ頁
タンク内燃料 L		追加燃料 L	タンク内の総燃料 L	

日付	機関運転時間	タンク番号	プレフィル 有/無	ログ頁
タンク内燃料 L		追加燃料 L	タンク内の総燃料 L	

日付	機関運転時間	タンク番号	プレフィル 有/無	ログ頁
タンク内燃料 L		追加燃料 L	タンク内の総燃料 L	

ディーゼル燃料ログ

メモ _____

日付	機関運転時間	タンク番号	プレフィル 有/無	ログ頁
タンク内燃料		追加燃料	タンク内の総燃料	

日付	機関運転時間	タンク番号	プレフィル 有/無	ログ頁
タンク内燃料		追加燃料	タンク内の総燃料	

日付	機関運転時間	タンク番号	プレフィル 有/無	ログ頁
タンク内燃料		追加燃料	タンク内の総燃料	

日付	機関運転時間	タンク番号	プレフィル 有/無	ログ頁
タンク内燃料		追加燃料	タンク内の総燃料	

日付	機関運転時間	タンク番号	プレフィル 有/無	ログ頁
タンク内燃料		追加燃料	タンク内の総燃料	

日付	機関運転時間	タンク番号	プレフィル 有/無	ログ頁
タンク内燃料		追加燃料	タンク内の総燃料	

日付	機関運転時間	タンク番号	プレフィル 有/無	ログ頁
タンク内燃料		追加燃料	タンク内の総燃料	

日付	機関運転時間	タンク番号	プレフィル 有/無	ログ頁
タンク内燃料		追加燃料	タンク内の総燃料	

日付	機関運転時間	タンク番号	プレフィル 有/無	ログ頁
タンク内燃料		追加燃料	タンク内の総燃料	

日付	機関運転時間	タンク番号	プレフィル 有/無	ログ頁
タンク内燃料		追加燃料	タンク内の総燃料	

日付	機関運転時間	タンク番号	プレフィル 有/無	ログ頁
タンク内燃料		追加燃料	タンク内の総燃料	

ディーゼル燃料ログ

日付	機関運転時間	タンク番号	プレフィル 有/無	ログ頁
タンク内燃料		追加燃料	タンク内の総燃料	
	L		L	L

日付	機関運転時間	タンク番号	プレフィル 有/無	ログ頁
タンク内燃料		追加燃料	タンク内の総燃料	
	L		L	L

日付	機関運転時間	タンク番号	プレフィル 有/無	ログ頁
タンク内燃料		追加燃料	タンク内の総燃料	
	L		L	L

日付	機関運転時間	タンク番号	プレフィル 有/無	ログ頁
タンク内燃料		追加燃料	タンク内の総燃料	
	L		L	L

日付	機関運転時間	タンク番号	プレフィル 有/無	ログ頁
タンク内燃料		追加燃料	タンク内の総燃料	
	L		L	L

日付	機関運転時間	タンク番号	プレフィル 有/無	ログ頁
タンク内燃料		追加燃料	タンク内の総燃料	
	L		L	L

プレフィル − 燃料フィルタ
−漏斗を使用して事前にろ過
ログ頁 − 「ログブックへの記入」
L − リットル

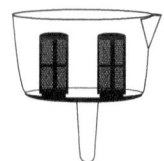

フィルタ
−漏斗

まとめ

日付	機関運転時間	タンク番号	プレフィル 有/無	ログ頁
タンク内燃料		追加燃料	タンク内の総燃料	
	L		L	L

日付	機関運転時間	タンク番号	プレフィル 有/無	ログ頁
タンク内燃料		追加燃料	タンク内の総燃料	
	L		L	L

日付	機関運転時間	タンク番号	プレフィル 有/無	ログ頁
タンク内燃料		追加燃料	タンク内の総燃料	
	L		L	L

日付	機関運転時間	タンク番号	プレフィル 有/無	ログ頁
タンク内燃料		追加燃料	タンク内の総燃料	
	L		L	L

ディーゼル燃料ログ

メモ _____

日付	機関運転時間	タンク番号	プレフィル 有/無	ログ頁
タンク内燃料 L	追加燃料 L		タンク内の総燃料 L	
日付	機関運転時間	タンク番号	プレフィル 有/無	ログ頁
タンク内燃料 L	追加燃料 L		タンク内の総燃料 L	
日付	機関運転時間	タンク番号	プレフィル 有/無	ログ頁
タンク内燃料 L	追加燃料 L		タンク内の総燃料 L	
日付	機関運転時間	タンク番号	プレフィル 有/無	ログ頁
タンク内燃料 L	追加燃料 L		タンク内の総燃料 L	
日付	機関運転時間	タンク番号	プレフィル 有/無	ログ頁
タンク内燃料 L	追加燃料 L		タンク内の総燃料 L	
日付	機関運転時間	タンク番号	プレフィル 有/無	ログ頁
タンク内燃料 L	追加燃料 L		タンク内の総燃料 L	
日付	機関運転時間	タンク番号	プレフィル 有/無	ログ頁
タンク内燃料 L	追加燃料 L		タンク内の総燃料 L	
日付	機関運転時間	タンク番号	プレフィル 有/無	ログ頁
タンク内燃料 L	追加燃料 L		タンク内の総燃料 L	
日付	機関運転時間	タンク番号	プレフィル 有/無	ログ頁
タンク内燃料 L	追加燃料 L		タンク内の総燃料 L	
日付	機関運転時間	タンク番号	プレフィル 有/無	ログ頁
タンク内燃料 L	追加燃料 L		タンク内の総燃料 L	
日付	機関運転時間	タンク番号	プレフィル 有/無	ログ頁
タンク内燃料 L	追加燃料 L		タンク内の総燃料 L	

ディーゼル燃料ログ

日付	機関運転時間	タンク番号	プレフィル 有/無	ログ頁
タンク内燃料		追加燃料	タンク内の総燃料	
	L		L	L

日付	機関運転時間	タンク番号	プレフィル 有/無	ログ頁
タンク内燃料		追加燃料	タンク内の総燃料	
	L		L	L

日付	機関運転時間	タンク番号	プレフィル 有/無	ログ頁
タンク内燃料		追加燃料	タンク内の総燃料	
	L		L	L

日付	機関運転時間	タンク番号	プレフィル 有/無	ログ頁
タンク内燃料		追加燃料	タンク内の総燃料	
	L		L	L

日付	機関運転時間	タンク番号	プレフィル 有/無	ログ頁
タンク内燃料		追加燃料	タンク内の総燃料	
	L		L	L

日付	機関運転時間	タンク番号	プレフィル 有/無	ログ頁
タンク内燃料		追加燃料	タンク内の総燃料	
	L		L	L

プレフィル – 燃料フィルタ
ー漏斗を使用して事前にろ過
ログ頁 – 「ログブックへの記入」
L – リットル

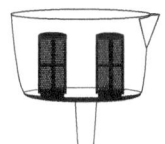
フィルタ
ー漏斗

まとめ

日付	機関運転時間	タンク番号	プレフィル 有/無	ログ頁
タンク内燃料		追加燃料	タンク内の総燃料	
	L		L	L

日付	機関運転時間	タンク番号	プレフィル 有/無	ログ頁
タンク内燃料		追加燃料	タンク内の総燃料	
	L		L	L

日付	機関運転時間	タンク番号	プレフィル 有/無	ログ頁
タンク内燃料		追加燃料	タンク内の総燃料	
	L		L	L

日付	機関運転時間	タンク番号	プレフィル 有/無	ログ頁
タンク内燃料		追加燃料	タンク内の総燃料	
	L		L	L

ディーゼル燃料ログ

メモ _____

日付	機関運転時間	タンク番号	プレフィル 有/無	ログ頁
タンク内燃料	追加燃料		タンク内の総燃料	
L		L		L
日付	機関運転時間	タンク番号	プレフィル 有/無	ログ頁
タンク内燃料	追加燃料		タンク内の総燃料	
L		L		L
日付	機関運転時間	タンク番号	プレフィル 有/無	ログ頁
タンク内燃料	追加燃料		タンク内の総燃料	
L		L		L
日付	機関運転時間	タンク番号	プレフィル 有/無	ログ頁
タンク内燃料	追加燃料		タンク内の総燃料	
L		L		L
日付	機関運転時間	タンク番号	プレフィル 有/無	ログ頁
タンク内燃料	追加燃料		タンク内の総燃料	
L		L		L
日付	機関運転時間	タンク番号	プレフィル 有/無	ログ頁
タンク内燃料	追加燃料		タンク内の総燃料	
L		L		L
日付	機関運転時間	タンク番号	プレフィル 有/無	ログ頁
タンク内燃料	追加燃料		タンク内の総燃料	
L		L		L
日付	機関運転時間	タンク番号	プレフィル 有/無	ログ頁
タンク内燃料	追加燃料		タンク内の総燃料	
L		L		L
日付	機関運転時間	タンク番号	プレフィル 有/無	ログ頁
タンク内燃料	追加燃料		タンク内の総燃料	
L		L		L
日付	機関運転時間	タンク番号	プレフィル 有/無	ログ頁
タンク内燃料	追加燃料		タンク内の総燃料	
L		L		L
日付	機関運転時間	タンク番号	プレフィル 有/無	ログ頁
タンク内燃料	追加燃料		タンク内の総燃料	
L		L		L

ディーゼル燃料ログ

日付	機関運転時間	タンク番号	プレフィル 有/無	ログ頁
タンク内燃料		追加燃料	タンク内の総燃料	
└		└		└

日付	機関運転時間	タンク番号	プレフィル 有/無	ログ頁
タンク内燃料		追加燃料	タンク内の総燃料	
└		└		└

日付	機関運転時間	タンク番号	プレフィル 有/無	ログ頁
タンク内燃料		追加燃料	タンク内の総燃料	
└		└		└

日付	機関運転時間	タンク番号	プレフィル 有/無	ログ頁
タンク内燃料		追加燃料	タンク内の総燃料	
└		└		└

日付	機関運転時間	タンク番号	プレフィル 有/無	ログ頁
タンク内燃料		追加燃料	タンク内の総燃料	
└		└		└

日付	機関運転時間	タンク番号	プレフィル 有/無	ログ頁
タンク内燃料		追加燃料	タンク内の総燃料	
└		└		└

プレフィル – 燃料フィルタ
ー漏斗を使用して事前にろ過
ログ頁 – 「ログブックへの記入」
L – リットル

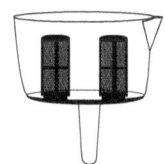

フィルタ
ー漏斗

まとめ

日付	機関運転時間	タンク番号	プレフィル 有/無	ログ頁
タンク内燃料		追加燃料	タンク内の総燃料	
└		└		└

日付	機関運転時間	タンク番号	プレフィル 有/無	ログ頁
タンク内燃料		追加燃料	タンク内の総燃料	
└		└		└

日付	機関運転時間	タンク番号	プレフィル 有/無	ログ頁
タンク内燃料		追加燃料	タンク内の総燃料	
└		└		└

日付	機関運転時間	タンク番号	プレフィル 有/無	ログ頁
タンク内燃料		追加燃料	タンク内の総燃料	
└		└		└

ディーゼル燃料ログ

メモ _____

日付	機関運転時間	タンク番号	プレフィル 有/無	ログ頁
タンク内燃料	追加燃料		タンク内の総燃料	

日付	機関運転時間	タンク番号	プレフィル 有/無	ログ頁
タンク内燃料	追加燃料		タンク内の総燃料	

日付	機関運転時間	タンク番号	プレフィル 有/無	ログ頁
タンク内燃料	追加燃料		タンク内の総燃料	

日付	機関運転時間	タンク番号	プレフィル 有/無	ログ頁
タンク内燃料	追加燃料		タンク内の総燃料	

日付	機関運転時間	タンク番号	プレフィル 有/無	ログ頁
タンク内燃料	追加燃料		タンク内の総燃料	

日付	機関運転時間	タンク番号	プレフィル 有/無	ログ頁
タンク内燃料	追加燃料		タンク内の総燃料	

日付	機関運転時間	タンク番号	プレフィル 有/無	ログ頁
タンク内燃料	追加燃料		タンク内の総燃料	

日付	機関運転時間	タンク番号	プレフィル 有/無	ログ頁
タンク内燃料	追加燃料		タンク内の総燃料	

日付	機関運転時間	タンク番号	プレフィル 有/無	ログ頁
タンク内燃料	追加燃料		タンク内の総燃料	

日付	機関運転時間	タンク番号	プレフィル 有/無	ログ頁
タンク内燃料	追加燃料		タンク内の総燃料	

日付	機関運転時間	タンク番号	プレフィル 有/無	ログ頁
タンク内燃料	追加燃料		タンク内の総燃料	

ディーゼル燃料ログ

日付	機関運転時間	タンク番号	プレフィル 有/無	ログ頁
タンク内燃料 L		追加燃料 L	タンク内の総燃料 L	
日付	機関運転時間	タンク番号	プレフィル 有/無	ログ頁
タンク内燃料 L		追加燃料 L	タンク内の総燃料 L	
日付	機関運転時間	タンク番号	プレフィル 有/無	ログ頁
タンク内燃料 L		追加燃料 L	タンク内の総燃料 L	
日付	機関運転時間	タンク番号	プレフィル 有/無	ログ頁
タンク内燃料 L		追加燃料 L	タンク内の総燃料 L	
日付	機関運転時間	タンク番号	プレフィル 有/無	ログ頁
タンク内燃料 L		追加燃料 L	タンク内の総燃料 L	
日付	機関運転時間	タンク番号	プレフィル 有/無	ログ頁
タンク内燃料 L		追加燃料 L	タンク内の総燃料 L	

プレフィル－燃料フィルタ
－漏斗を使用して事前にろ過
ログ頁－「ログブックへの記入」
l－リットル

フィルタ
－漏斗

まとめ

日付	機関運転時間	タンク番号	プレフィル 有/無	ログ頁
タンク内燃料 L		追加燃料 L	タンク内の総燃料 L	
日付	機関運転時間	タンク番号	プレフィル 有/無	ログ頁
タンク内燃料 L		追加燃料 L	タンク内の総燃料 L	
日付	機関運転時間	タンク番号	プレフィル 有/無	ログ頁
タンク内燃料 L		追加燃料 L	タンク内の総燃料 L	
日付	機関運転時間	タンク番号	プレフィル 有/無	ログ頁
タンク内燃料 L		追加燃料 L	タンク内の総燃料 L	

エンジンオイル交換

メモ _____

日付	左/右機関	機関運転時間	フィルター品番	ログ頁
オイル排出　　　　　　L	新油注入　　　　　　L		オイルのブランドとグレード	
日付	左/右機関	機関運転時間	フィルター品番	ログ頁
オイル排出　　　　　　L	新油注入　　　　　　L		オイルのブランドとグレード	
日付	左/右機関	機関運転時間	フィルター品番	ログ頁
オイル排出　　　　　　L	新油注入　　　　　　L		オイルのブランドとグレード	
日付	左/右機関	機関運転時間	フィルター品番	ログ頁
オイル排出　　　　　　L	新油注入　　　　　　L		オイルのブランドとグレード	
日付	左/右機関	機関運転時間	フィルター品番	ログ頁
オイル排出　　　　　　L	新油注入　　　　　　L		オイルのブランドとグレード	
日付	左/右機関	機関運転時間	フィルター品番	ログ頁
オイル排出　　　　　　L	新油注入　　　　　　L		オイルのブランドとグレード	
日付	左/右機関	機関運転時間	フィルター品番	ログ頁
オイル排出　　　　　　L	新油注入　　　　　　L		オイルのブランドとグレード	
日付	左/右機関	機関運転時間	フィルター品番	ログ頁
オイル排出　　　　　　L	新油注入　　　　　　L		オイルのブランドとグレード	
日付	左/右機関	機関運転時間	フィルター品番	ログ頁
オイル排出　　　　　　L	新油注入　　　　　　L		オイルのブランドとグレード	
日付	左/右機関	機関運転時間	フィルター品番	ログ頁
オイル排出　　　　　　L	新油注入　　　　　　L		オイルのブランドとグレード	
日付	左/右機関	機関運転時間	フィルター品番	ログ頁
オイル排出　　　　　　L	新油注入　　　　　　L		オイルのブランドとグレード	

エンジンオイル交換

日付		左/右機関	機関運転時間	フィルター品番	ログ頁
オイル排出		新油注入		オイルのブランドとグレード	
	L		L		
日付		左/右機関	機関運転時間	フィルター品番	ログ頁
オイル排出		新油注入		オイルのブランドとグレード	
	L		L		
日付		左/右機関	機関運転時間	フィルター品番	ログ頁
オイル排出		新油注入		オイルのブランドとグレード	
	L		L		
日付		左/右機関	機関運転時間	フィルター品番	ログ頁
オイル排出		新油注入		オイルのブランドとグレード	
	L		L		
日付		左/右機関	機関運転時間	フィルター品番	ログ頁
オイル排出		新油注入		オイルのブランドとグレード	
	L		L		
日付		左/右機関	機関運転時間	フィルター品番	ログ頁
オイル排出		新油注入		オイルのブランドとグレード	
	L		L		

左/右機関 – 左舷または右舷エンジン
ログ頁 – 「ログブックへの記入」を参照
L – リットル

まとめ

日付		左/右機関	機関運転時間	フィルター品番	ログ頁
オイル排出		新油注入		オイルのブランドとグレード	
	L		L		
日付		左/右機関	機関運転時間	フィルター品番	ログ頁
オイル排出		新油注入		オイルのブランドとグレード	
	L		L		
日付		左/右機関	機関運転時間	フィルター品番	ログ頁
オイル排出		新油注入		オイルのブランドとグレード	
	L		L		
日付		左/右機関	機関運転時間	フィルター品番	ログ頁
オイル排出		新油注入		オイルのブランドとグレード	
	L		L		

エンジンオイル交換

Notes_____

日付		左/右機関	機関運転時間	フィルター品番	ログ頁
オイル排出		新油注入		オイルのブランドとグレード	
日付		左/右機関	機関運転時間	フィルター品番	ログ頁
オイル排出		新油注入		オイルのブランドとグレード	
日付		左/右機関	機関運転時間	フィルター品番	ログ頁
オイル排出		新油注入		オイルのブランドとグレード	
日付		左/右機関	機関運転時間	フィルター品番	ログ頁
オイル排出		新油注入		オイルのブランドとグレード	
日付		左/右機関	機関運転時間	フィルター品番	ログ頁
オイル排出		新油注入		オイルのブランドとグレード	
日付		左/右機関	機関運転時間	フィルター品番	ログ頁
オイル排出		新油注入		オイルのブランドとグレード	
日付		左/右機関	機関運転時間	フィルター品番	ログ頁
オイル排出		新油注入		オイルのブランドとグレード	
日付		左/右機関	機関運転時間	フィルター品番	ログ頁
オイル排出		新油注入		オイルのブランドとグレード	
日付		左/右機関	機関運転時間	フィルター品番	ログ頁
オイル排出		新油注入		オイルのブランドとグレード	
日付		左/右機関	機関運転時間	フィルター品番	ログ頁
オイル排出		新油注入		オイルのブランドとグレード	
日付		左/右機関	機関運転時間	フィルター品番	ログ頁
オイル排出		新油注入		オイルのブランドとグレード	

エンジンオイル交換

日付	左/右機関	機関運転時間	フィルター品番	ログ頁
オイル排出 ___L	新油注入 ___L		オイルのブランドとグレード	
日付	左/右機関	機関運転時間	フィルター品番	ログ頁
オイル排出 ___L	新油注入 ___L		オイルのブランドとグレード	
日付	左/右機関	機関運転時間	フィルター品番	ログ頁
オイル排出 ___L	新油注入 ___L		オイルのブランドとグレード	
日付	左/右機関	機関運転時間	フィルター品番	ログ頁
オイル排出 ___L	新油注入 ___L		オイルのブランドとグレード	
日付	左/右機関	機関運転時間	フィルター品番	ログ頁
オイル排出 ___L	新油注入 ___L		オイルのブランドとグレード	
日付	左/右機関	機関運転時間	フィルター品番	ログ頁
オイル排出 ___L	新油注入 ___L		オイルのブランドとグレード	

左/右機関 – 左舷または右舷エンジン
ログ頁 –「ログブックへの記入」を参照
L – リットル

まとめ

日付	左/右機関	機関運転時間	フィルター品番	ログ頁
オイル排出 ___L	新油注入 ___L		オイルのブランドとグレード	
日付	左/右機関	機関運転時間	フィルター品番	ログ頁
オイル排出 ___L	新油注入 ___L		オイルのブランドとグレード	
日付	左/右機関	機関運転時間	フィルター品番	ログ頁
オイル排出 ___L	新油注入 ___L		オイルのブランドとグレード	
日付	左/右機関	機関運転時間	フィルター品番	ログ頁
オイル排出 ___L	新油注入 ___L		オイルのブランドとグレード	

エンジンオイル交換

Notes＿＿＿＿＿＿＿＿＿＿＿＿＿＿＿＿＿＿＿＿＿＿＿＿＿＿＿＿＿＿＿＿＿＿

日付	左/右機関	機関運転時間	フィルター品番	ログ頁
オイル排出　　　　　　　　　L	新油注入　　　　　　　　L	オイルのブランドとグレード		

日付	左/右機関	機関運転時間	フィルター品番	ログ頁
オイル排出　　　　　　　　　L	新油注入　　　　　　　　L	オイルのブランドとグレード		

日付	左/右機関	機関運転時間	フィルター品番	ログ頁
オイル排出　　　　　　　　　L	新油注入　　　　　　　　L	オイルのブランドとグレード		

日付	左/右機関	機関運転時間	フィルター品番	ログ頁
オイル排出　　　　　　　　　L	新油注入　　　　　　　　L	オイルのブランドとグレード		

日付	左/右機関	機関運転時間	フィルター品番	ログ頁
オイル排出　　　　　　　　　L	新油注入　　　　　　　　L	オイルのブランドとグレード		

日付	左/右機関	機関運転時間	フィルター品番	ログ頁
オイル排出　　　　　　　　　L	新油注入　　　　　　　　L	オイルのブランドとグレード		

日付	左/右機関	機関運転時間	フィルター品番	ログ頁
オイル排出　　　　　　　　　L	新油注入　　　　　　　　L	オイルのブランドとグレード		

日付	左/右機関	機関運転時間	フィルター品番	ログ頁
オイル排出　　　　　　　　　L	新油注入　　　　　　　　L	オイルのブランドとグレード		

日付	左/右機関	機関運転時間	フィルター品番	ログ頁
オイル排出　　　　　　　　　L	新油注入　　　　　　　　L	オイルのブランドとグレード		

日付	左/右機関	機関運転時間	フィルター品番	ログ頁
オイル排出　　　　　　　　　L	新油注入　　　　　　　　L	オイルのブランドとグレード		

日付	左/右機関	機関運転時間	フィルター品番	ログ頁
オイル排出　　　　　　　　　L	新油注入　　　　　　　　L	オイルのブランドとグレード		

エンジンオイル交換

日付		左/右機関	機関運転時間	フィルター品番	ログ頁
オイル排出 L		新油注入 L		オイルのブランドとグレード	
日付		左/右機関	機関運転時間	フィルター品番	ログ頁
オイル排出 L		新油注入 L		オイルのブランドとグレード	
日付		左/右機関	機関運転時間	フィルター品番	ログ頁
オイル排出 L		新油注入 L		オイルのブランドとグレード	
日付		左/右機関	機関運転時間	フィルター品番	ログ頁
オイル排出 L		新油注入 L		オイルのブランドとグレード	
日付		左/右機関	機関運転時間	フィルター品番	ログ頁
オイル排出 L		新油注入 L		オイルのブランドとグレード	
日付		左/右機関	機関運転時間	フィルター品番	ログ頁
オイル排出 L		新油注入 L		オイルのブランドとグレード	

左/右機関 – 左舷または右舷エンジン
ログ頁 – 「ログブックへの記入」を参照
L – リットル

まとめ

日付		左/右機関	機関運転時間	フィルター品番	ログ頁
オイル排出 L		新油注入 L		オイルのブランドとグレード	
日付		左/右機関	機関運転時間	フィルター品番	ログ頁
オイル排出 L		新油注入 L		オイルのブランドとグレード	
日付		左/右機関	機関運転時間	フィルター品番	ログ頁
オイル排出 L		新油注入 L		オイルのブランドとグレード	
日付		左/右機関	機関運転時間	フィルター品番	ログ頁
オイル排出 L		新油注入 L		オイルのブランドとグレード	

Notes_____

日付	左/右機関	機関運転時間	フィルター品番	ログ頁
オイル排出 ⌐L	新油注入 ⌐L	オイルのブランドとグレード		
日付	左/右機関	機関運転時間	フィルター品番	ログ頁
オイル排出 ⌐L	新油注入 ⌐L	オイルのブランドとグレード		
日付	左/右機関	機関運転時間	フィルター品番	ログ頁
オイル排出 ⌐L	新油注入 ⌐L	オイルのブランドとグレード		
日付	左/右機関	機関運転時間	フィルター品番	ログ頁
オイル排出 ⌐L	新油注入 ⌐L	オイルのブランドとグレード		
日付	左/右機関	機関運転時間	フィルター品番	ログ頁
オイル排出 ⌐L	新油注入 ⌐L	オイルのブランドとグレード		
日付	左/右機関	機関運転時間	フィルター品番	ログ頁
オイル排出 ⌐L	新油注入 ⌐L	オイルのブランドとグレード		
日付	左/右機関	機関運転時間	フィルター品番	ログ頁
オイル排出 ⌐L	新油注入 ⌐L	オイルのブランドとグレード		
日付	左/右機関	機関運転時間	フィルター品番	ログ頁
オイル排出 ⌐L	新油注入 ⌐L	オイルのブランドとグレード		
日付	左/右機関	機関運転時間	フィルター品番	ログ頁
オイル排出 ⌐L	新油注入 ⌐L	オイルのブランドとグレード		
日付	左/右機関	機関運転時間	フィルター品番	ログ頁
オイル排出 ⌐L	新油注入 ⌐L	オイルのブランドとグレード		
日付	左/右機関	機関運転時間	フィルター品番	ログ頁
オイル排出 ⌐L	新油注入 ⌐L	オイルのブランドとグレード		

エンジンオイル交換

日付	左/右機関	機関運転時間	フィルター品番	ログ頁
オイル排出 L	新油注入 L		オイルのブランドとグレード	
日付	左/右機関	機関運転時間	フィルター品番	ログ頁
オイル排出 L	新油注入 L		オイルのブランドとグレード	
日付	左/右機関	機関運転時間	フィルター品番	ログ頁
オイル排出 L	新油注入 L		オイルのブランドとグレード	
日付	左/右機関	機関運転時間	フィルター品番	ログ頁
オイル排出 L	新油注入 L		オイルのブランドとグレード	
日付	左/右機関	機関運転時間	フィルター品番	ログ頁
オイル排出 L	新油注入 L		オイルのブランドとグレード	
日付	左/右機関	機関運転時間	フィルター品番	ログ頁
オイル排出 L	新油注入 L		オイルのブランドとグレード	

左/右機関 – 左舷または右舷エンジン
ログ頁 –「ログブックへの記入」を参照
L – リットル

まとめ

日付	左/右機関	機関運転時間	フィルター品番	ログ頁
オイル排出 L	新油注入 L		オイルのブランドとグレード	
日付	左/右機関	機関運転時間	フィルター品番	ログ頁
オイル排出 L	新油注入 L		オイルのブランドとグレード	
日付	左/右機関	機関運転時間	フィルター品番	ログ頁
オイル排出 L	新油注入 L		オイルのブランドとグレード	
日付	左/右機関	機関運転時間	フィルター品番	ログ頁
オイル排出 L	新油注入 L		オイルのブランドとグレード	

ギアボックス/トランスミッション液*の交換

メモ _____

日付		左/右機関	機関運転時間	ATF色		ログ頁
ATF排出		新ATF注入		ATFのブランドとタイプ		
日付		左/右機関	機関運転時間	ATF色		ログ頁
ATF排出		新ATF注入		ATFのブランドとタイプ		
日付		左/右機関	機関運転時間	ATF色		ログ頁
ATF排出		新ATF注入		ATFのブランドとタイプ		
日付		左/右機関	機関運転時間	ATF色		ログ頁
ATF排出		新ATF注入		ATFのブランドとタイプ		
日付		左/右機関	機関運転時間	ATF色		ログ頁
ATF排出		新ATF注入		ATFのブランドとタイプ		
日付		左/右機関	機関運転時間	ATF色		ログ頁
ATF排出		新ATF注入		ATFのブランドとタイプ		
日付		左/右機関	機関運転時間	ATF色		ログ頁
ATF排出		新ATF注入		ATFのブランドとタイプ		
日付		左/右機関	機関運転時間	ATF色		ログ頁
ATF排出		新ATF注入		ATFのブランドとタイプ		
日付		左/右機関	機関運転時間	ATF色		ログ頁
ATF排出		新ATF注入		ATFのブランドとタイプ		
日付		左/右機関	機関運転時間	ATF色		ログ頁
ATF排出		新ATF注入		ATFのブランドとタイプ		
日付		左/右機関	機関運転時間	ATF色		ログ頁
ATF排出		新ATF注入		ATFのブランドとタイプ		
日付		左/右機関	機関運転時間	ATF色		ログ頁
ATF排出		新ATF注入		ATFのブランドとタイプ		

ギアボックス/トランスミッション液*の交換

日付	左/右機関	機関運転時間	ATF色	ログ頁
ATF排出 ∟	新ATF注入 ∟	ATFのブランドとタイプ		
日付	左/右機関	機関運転時間	ATF色	ログ頁
ATF排出 ∟	新ATF注入 ∟	ATFのブランドとタイプ		
日付	左/右機関	機関運転時間	ATF色	ログ頁
ATF排出 ∟	新ATF注入 ∟	ATFのブランドとタイプ		
日付	左/右機関	機関運転時間	ATF色	ログ頁
ATF排出 ∟	新ATF注入 ∟	ATFのブランドとタイプ		
日付	左/右機関	機関運転時間	ATF色	ログ頁
ATF排出 ∟	新ATF注入 ∟	ATFのブランドとタイプ		
日付	左/右機関	機関運転時間	ATF色	ログ頁
ATF排出 ∟	新ATF注入 ∟	ATFのブランドとタイプ		

左/右機関 – 左舷または右舷エンジン
ログ頁 – 「ログブックへの記入」を参照
L – リットル

まとめ

日付	左/右機関	機関運転時間	ATF色	ログ頁
ATF排出 ∟	新ATF注入 ∟	ATFのブランドとタイプ		
日付	左/右機関	機関運転時間	ATF色	ログ頁
ATF排出 ∟	新ATF注入 ∟	ATFのブランドとタイプ		
日付	左/右機関	機関運転時間	ATF色	ログ頁
ATF排出 ∟	新ATF注入 ∟	ATFのブランドとタイプ		
日付	左/右機関	機関運転時間	ATF色	ログ頁
ATF排出 ∟	新ATF注入 ∟	ATFのブランドとタイプ		

*ATFまたはエンジンオイル、マニュアルを参照

ギアボックス/トランスミッション液*の交換

メモ _____

日付	左/右機関	機関運転時間	ATF色	ログ頁
ATF排出	新ATF注入		ATFのブランドとタイプ	
日付	左/右機関	機関運転時間	ATF色	ログ頁
ATF排出	新ATF注入		ATFのブランドとタイプ	
日付	左/右機関	機関運転時間	ATF色	ログ頁
ATF排出	新ATF注入		ATFのブランドとタイプ	
日付	左/右機関	機関運転時間	ATF色	ログ頁
ATF排出	新ATF注入		ATFのブランドとタイプ	
日付	左/右機関	機関運転時間	ATF色	ログ頁
ATF排出	新ATF注入		ATFのブランドとタイプ	
日付	左/右機関	機関運転時間	ATF色	ログ頁
ATF排出	新ATF注入		ATFのブランドとタイプ	
日付	左/右機関	機関運転時間	ATF色	ログ頁
ATF排出	新ATF注入		ATFのブランドとタイプ	
日付	左/右機関	機関運転時間	ATF色	ログ頁
ATF排出	新ATF注入		ATFのブランドとタイプ	
日付	左/右機関	機関運転時間	ATF色	ログ頁
ATF排出	新ATF注入		ATFのブランドとタイプ	
日付	左/右機関	機関運転時間	ATF色	ログ頁
ATF排出	新ATF注入		ATFのブランドとタイプ	
日付	左/右機関	機関運転時間	ATF色	ログ頁
ATF排出	新ATF注入		ATFのブランドとタイプ	

ギアボックス/トランスミッション液*の交換

日付		左/右機関	機関運転時間	ATF色		ログ頁
ATF排出		新ATF注入		ATFのブランドとタイプ		
	L		L			
日付		左/右機関	機関運転時間	ATF色		ログ頁
ATF排出		新ATF注入		ATFのブランドとタイプ		
	L		L			
日付		左/右機関	機関運転時間	ATF色		ログ頁
ATF排出		新ATF注入		ATFのブランドとタイプ		
	L		L			
日付		左/右機関	機関運転時間	ATF色		ログ頁
ATF排出		新ATF注入		ATFのブランドとタイプ		
	L		L			
日付		左/右機関	機関運転時間	ATF色		ログ頁
ATF排出		新ATF注入		ATFのブランドとタイプ		
	L		L			
日付		左/右機関	機関運転時間	ATF色		ログ頁
ATF排出		新ATF注入		ATFのブランドとタイプ		
	L		L			

左/右機関 – 左舷または右舷エンジン
ログ頁 –「ログブックへの記入」を参照
L – リットル

まとめ

日付		左/右機関	機関運転時間	ATF色		ログ頁
ATF排出		新ATF注入		ATFのブランドとタイプ		
	L		L			
日付		左/右機関	機関運転時間	ATF色		ログ頁
ATF排出		新ATF注入		ATFのブランドとタイプ		
	L		L			
日付		左/右機関	機関運転時間	ATF色		ログ頁
ATF排出		新ATF注入		ATFのブランドとタイプ		
	L		L			
日付		左/右機関	機関運転時間	ATF色		ログ頁
ATF排出		新ATF注入		ATFのブランドとタイプ		
	L		L			

*ATFまたはエンジンオイル、マニュアルを参照

一次燃料フィルターの交換

メモ _____

日付	左/右機関	機関運転時間	ミクロンサイズ	ログ頁
フィルターブランドと品番			古いフィルターの状態	

日付	左/右機関	機関運転時間	ミクロンサイズ	ログ頁
フィルターブランドと品番			古いフィルターの状態	

日付	左/右機関	機関運転時間	ミクロンサイズ	ログ頁
フィルターブランドと品番			古いフィルターの状態	

日付	左/右機関	機関運転時間	ミクロンサイズ	ログ頁
フィルターブランドと品番			古いフィルターの状態	

日付	左/右機関	機関運転時間	ミクロンサイズ	ログ頁
フィルターブランドと品番			古いフィルターの状態	

日付	左/右機関	機関運転時間	ミクロンサイズ	ログ頁
フィルターブランドと品番			古いフィルターの状態	

日付	左/右機関	機関運転時間	ミクロンサイズ	ログ頁
フィルターブランドと品番			古いフィルターの状態	

日付	左/右機関	機関運転時間	ミクロンサイズ	ログ頁
フィルターブランドと品番			古いフィルターの状態	

日付	左/右機関	機関運転時間	ミクロンサイズ	ログ頁
フィルターブランドと品番			古いフィルターの状態	

日付	左/右機関	機関運転時間	ミクロンサイズ	ログ頁
フィルターブランドと品番			古いフィルターの状態	

日付	左/右機関	機関運転時間	ミクロンサイズ	ログ頁
フィルターブランドと品番			古いフィルターの状態	

一次燃料フィルターの交換

日付	左/右機関	機関運転時間	ミクロンサイズ	ログ頁
フィルターブランドと品番			古いフィルターの状態	
日付	左/右機関	機関運転時間	ミクロンサイズ	ログ頁
フィルターブランドと品番			古いフィルターの状態	
日付	左/右機関	機関運転時間	ミクロンサイズ	ログ頁
フィルターブランドと品番			古いフィルターの状態	
日付	左/右機関	機関運転時間	ミクロンサイズ	ログ頁
フィルターブランドと品番			古いフィルターの状態	
日付	左/右機関	機関運転時間	ミクロンサイズ	ログ頁
フィルターブランドと品番			古いフィルターの状態	
日付	左/右機関	機関運転時間	ミクロンサイズ	ログ頁
フィルターブランドと品番			古いフィルターの状態	

左/右機関 – 左舷または右舷エンジン
ログ頁 –「ログブックへの記入」を参照

まとめ

日付	左/右機関	機関運転時間	ミクロンサイズ	ログ頁
フィルターブランドと品番			古いフィルターの状態	
日付	左/右機関	機関運転時間	ミクロンサイズ	ログ頁
フィルターブランドと品番			古いフィルターの状態	
日付	左/右機関	機関運転時間	ミクロンサイズ	ログ頁
フィルターブランドと品番			古いフィルターの状態	
日付	左/右機関	機関運転時間	ミクロンサイズ	ログ頁
フィルターブランドと品番			古いフィルターの状態	

一次燃料フィルターの交換

メモ _____

日付	左/右機関	機関運転時間	ミクロンサイズ	ログ頁
フィルターブランドと品番			古いフィルターの状態	
日付	左/右機関	機関運転時間	ミクロンサイズ	ログ頁
フィルターブランドと品番			古いフィルターの状態	
日付	左/右機関	機関運転時間	ミクロンサイズ	ログ頁
フィルターブランドと品番			古いフィルターの状態	
日付	左/右機関	機関運転時間	ミクロンサイズ	ログ頁
フィルターブランドと品番			古いフィルターの状態	
日付	左/右機関	機関運転時間	ミクロンサイズ	ログ頁
フィルターブランドと品番			古いフィルターの状態	
日付	左/右機関	機関運転時間	ミクロンサイズ	ログ頁
フィルターブランドと品番			古いフィルターの状態	
日付	左/右機関	機関運転時間	ミクロンサイズ	ログ頁
フィルターブランドと品番			古いフィルターの状態	
日付	左/右機関	機関運転時間	ミクロンサイズ	ログ頁
フィルターブランドと品番			古いフィルターの状態	
日付	左/右機関	機関運転時間	ミクロンサイズ	ログ頁
フィルターブランドと品番			古いフィルターの状態	
日付	左/右機関	機関運転時間	ミクロンサイズ	ログ頁
フィルターブランドと品番			古いフィルターの状態	
日付	左/右機関	機関運転時間	ミクロンサイズ	ログ頁
フィルターブランドと品番			古いフィルターの状態	

一次燃料フィルターの交換

日付		左/右機関	機関運転時間	ミクロンサイズ		ログ頁
フィルターブランドと品番				古いフィルターの状態		
日付		左/右機関	機関運転時間	ミクロンサイズ		ログ頁
フィルターブランドと品番				古いフィルターの状態		
日付		左/右機関	機関運転時間	ミクロンサイズ		ログ頁
フィルターブランドと品番				古いフィルターの状態		
日付		左/右機関	機関運転時間	ミクロンサイズ		ログ頁
フィルターブランドと品番				古いフィルターの状態		
日付		左/右機関	機関運転時間	ミクロンサイズ		ログ頁
フィルターブランドと品番				古いフィルターの状態		
日付		左/右機関	機関運転時間	ミクロンサイズ		ログ頁
フィルターブランドと品番				古いフィルターの状態		

左/右機関 – 左舷または右舷エンジン
ログ頁 –「ログブックへの記入」を参照

まとめ

日付		左/右機関	機関運転時間	ミクロンサイズ		ログ頁
フィルターブランドと品番				古いフィルターの状態		
日付		左/右機関	機関運転時間	ミクロンサイズ		ログ頁
フィルターブランドと品番				古いフィルターの状態		
日付		左/右機関	機関運転時間	ミクロンサイズ		ログ頁
フィルターブランドと品番				古いフィルターの状態		
日付		左/右機関	機関運転時間	ミクロンサイズ		ログ頁
フィルターブランドと品番				古いフィルターの状態		

二次燃料フィルターの交換

メモ _____

日付		左/右機関	機関運転時間	ミクロンサイズ	ログ頁
フィルターブランドと品番			古いフィルターの状態		
日付		左/右機関	機関運転時間	ミクロンサイズ	ログ頁
フィルターブランドと品番			古いフィルターの状態		
日付		左/右機関	機関運転時間	ミクロンサイズ	ログ頁
フィルターブランドと品番			古いフィルターの状態		
日付		左/右機関	機関運転時間	ミクロンサイズ	ログ頁
フィルターブランドと品番			古いフィルターの状態		
日付		左/右機関	機関運転時間	ミクロンサイズ	ログ頁
フィルターブランドと品番			古いフィルターの状態		
日付		左/右機関	機関運転時間	ミクロンサイズ	ログ頁
フィルターブランドと品番			古いフィルターの状態		
日付		左/右機関	機関運転時間	ミクロンサイズ	ログ頁
フィルターブランドと品番			古いフィルターの状態		
日付		左/右機関	機関運転時間	ミクロンサイズ	ログ頁
フィルターブランドと品番			古いフィルターの状態		
日付		左/右機関	機関運転時間	ミクロンサイズ	ログ頁
フィルターブランドと品番			古いフィルターの状態		
日付		左/右機関	機関運転時間	ミクロンサイズ	ログ頁
フィルターブランドと品番			古いフィルターの状態		
日付		左/右機関	機関運転時間	ミクロンサイズ	ログ頁
フィルターブランドと品番			古いフィルターの状態		

二次燃料フィルターの交換

日付		左/右機関	機関運転時間	ミクロンサイズ		ログ頁
フィルターブランドと品番				古いフィルターの状態		
日付		左/右機関	機関運転時間	ミクロンサイズ		ログ頁
フィルターブランドと品番				古いフィルターの状態		
日付		左/右機関	機関運転時間	ミクロンサイズ		ログ頁
フィルターブランドと品番				古いフィルターの状態		
日付		左/右機関	機関運転時間	ミクロンサイズ		ログ頁
フィルターブランドと品番				古いフィルターの状態		
日付		左/右機関	機関運転時間	ミクロンサイズ		ログ頁
フィルターブランドと品番				古いフィルターの状態		
日付		左/右機関	機関運転時間	ミクロンサイズ		ログ頁
フィルターブランドと品番				古いフィルターの状態		

左/右機関 – 左舷または右舷エンジン
ログ頁 – 「ログブックへの記入」を参照

素晴らしい
燃料フィルター

まとめ

日付		左/右機関	機関運転時間	ミクロンサイズ		ログ頁
フィルターブランドと品番				古いフィルターの状態		
日付		左/右機関	機関運転時間	ミクロンサイズ		ログ頁
フィルターブランドと品番				古いフィルターの状態		
日付		左/右機関	機関運転時間	ミクロンサイズ		ログ頁
フィルターブランドと品番				古いフィルターの状態		
日付		左/右機関	機関運転時間	ミクロンサイズ		ログ頁
フィルターブランドと品番				古いフィルターの状態		

二次燃料フィルターの交換

メモ _____

日付	左/右機関	機関運転時間	ミクロンサイズ	ログ頁
フィルターブランドと品番			古いフィルターの状態	

日付	左/右機関	機関運転時間	ミクロンサイズ	ログ頁
フィルターブランドと品番			古いフィルターの状態	

日付	左/右機関	機関運転時間	ミクロンサイズ	ログ頁
フィルターブランドと品番			古いフィルターの状態	

日付	左/右機関	機関運転時間	ミクロンサイズ	ログ頁
フィルターブランドと品番			古いフィルターの状態	

日付	左/右機関	機関運転時間	ミクロンサイズ	ログ頁
フィルターブランドと品番			古いフィルターの状態	

日付	左/右機関	機関運転時間	ミクロンサイズ	ログ頁
フィルターブランドと品番			古いフィルターの状態	

日付	左/右機関	機関運転時間	ミクロンサイズ	ログ頁
フィルターブランドと品番			古いフィルターの状態	

日付	左/右機関	機関運転時間	ミクロンサイズ	ログ頁
フィルターブランドと品番			古いフィルターの状態	

日付	左/右機関	機関運転時間	ミクロンサイズ	ログ頁
フィルターブランドと品番			古いフィルターの状態	

日付	左/右機関	機関運転時間	ミクロンサイズ	ログ頁
フィルターブランドと品番			古いフィルターの状態	

日付	左/右機関	機関運転時間	ミクロンサイズ	ログ頁
フィルターブランドと品番			古いフィルターの状態	

二次燃料フィルターの交換

日付	左/右機関	機関運転時間	ミクロンサイズ	ログ頁
フィルターブランドと品番			古いフィルターの状態	
日付	左/右機関	機関運転時間	ミクロンサイズ	ログ頁
フィルターブランドと品番			古いフィルターの状態	
日付	左/右機関	機関運転時間	ミクロンサイズ	ログ頁
フィルターブランドと品番			古いフィルターの状態	
日付	左/右機関	機関運転時間	ミクロンサイズ	ログ頁
フィルターブランドと品番			古いフィルターの状態	
日付	左/右機関	機関運転時間	ミクロンサイズ	ログ頁
フィルターブランドと品番			古いフィルターの状態	
日付	左/右機関	機関運転時間	ミクロンサイズ	ログ頁
フィルターブランドと品番			古いフィルターの状態	

左/右機関 – 左舷または右舷エンジン
ログ頁 –「ログブックへの記入」を参照

素晴らしい
燃料フィルター

まとめ

日付	左/右機関	機関運転時間	ミクロンサイズ	ログ頁
フィルターブランドと品番			古いフィルターの状態	
日付	左/右機関	機関運転時間	ミクロンサイズ	ログ頁
フィルターブランドと品番			古いフィルターの状態	
日付	左/右機関	機関運転時間	ミクロンサイズ	ログ頁
フィルターブランドと品番			古いフィルターの状態	
日付	左/右機関	機関運転時間	ミクロンサイズ	ログ頁
フィルターブランドと品番			古いフィルターの状態	

原水ポンプインペラーの点検と交換

メモ _____

日付	左/右機関	機関運転時間	iインペラーは交換されたか? はい / いいえ	ログ頁
インペラーのブランドと品番			古いインペラーの状態	
日付	左/右機関	機関運転時間	iインペラーは交換されたか? はい / いいえ	ログ頁
インペラーのブランドと品番			古いインペラーの状態	
日付	左/右機関	機関運転時間	iインペラーは交換されたか? はい / いいえ	ログ頁
インペラーのブランドと品番			古いインペラーの状態	
日付	左/右機関	機関運転時間	iインペラーは交換されたか? はい / いいえ	ログ頁
インペラーのブランドと品番			古いインペラーの状態	
日付	左/右機関	機関運転時間	iインペラーは交換されたか? はい / いいえ	ログ頁
インペラーのブランドと品番			古いインペラーの状態	
日付	左/右機関	機関運転時間	iインペラーは交換されたか? はい / いいえ	ログ頁
インペラーのブランドと品番			古いインペラーの状態	
日付	左/右機関	機関運転時間	iインペラーは交換されたか? はい / いいえ	ログ頁
インペラーのブランドと品番			古いインペラーの状態	
日付	左/右機関	機関運転時間	iインペラーは交換されたか? はい / いいえ	ログ頁
インペラーのブランドと品番			古いインペラーの状態	
日付	左/右機関	機関運転時間	iインペラーは交換されたか? はい / いいえ	ログ頁
インペラーのブランドと品番			古いインペラーの状態	
日付	左/右機関	機関運転時間	iインペラーは交換されたか? はい / いいえ	ログ頁
インペラーのブランドと品番			古いインペラーの状態	
日付	左/右機関	機関運転時間	iインペラーは交換されたか? はい / いいえ	ログ頁
インペラーのブランドと品番			古いインペラーの状態	

原水ポンプインペラーの点検と交換

日付	左/右機関	機関運転時間	iインペラーは交換されたか？ はい / いいえ	ログ頁
インペラーのブランドと品番			古いインペラーの状態	

日付	左/右機関	機関運転時間	iインペラーは交換されたか？ はい / いいえ	ログ頁
インペラーのブランドと品番			古いインペラーの状態	

日付	左/右機関	機関運転時間	iインペラーは交換されたか？ はい / いいえ	ログ頁
インペラーのブランドと品番			古いインペラーの状態	

日付	左/右機関	機関運転時間	iインペラーは交換されたか？ はい / いいえ	ログ頁
インペラーのブランドと品番			古いインペラーの状態	

日付	左/右機関	機関運転時間	iインペラーは交換されたか？ はい / いいえ	ログ頁
インペラーのブランドと品番			古いインペラーの状態	

日付	左/右機関	機関運転時間	iインペラーは交換されたか？ はい / いいえ	ログ頁
インペラーのブランドと品番			古いインペラーの状態	

左/右機関 – 左舷または右舷エンジン
ログ頁 – 「ログブックへの記入」を参照

まとめ

日付	左/右機関	機関運転時間	iインペラーは交換されたか？ はい / いいえ	ログ頁
インペラーのブランドと品番			古いインペラーの状態	

日付	左/右機関	機関運転時間	iインペラーは交換されたか？ はい / いいえ	ログ頁
インペラーのブランドと品番			古いインペラーの状態	

日付	左/右機関	機関運転時間	iインペラーは交換されたか？ はい / いいえ	ログ頁
インペラーのブランドと品番			古いインペラーの状態	

日付	左/右機関	機関運転時間	iインペラーは交換されたか？ はい / いいえ	ログ頁
インペラーのブランドと品番			古いインペラーの状態	

原水ポンプインペラーの点検と交換

日付		左/右機関	機関運転時間	iインペラーは交換されたか? はい / いいえ	ログ頁
インペラーのブランドと品番				古いインペラーの状態	
日付		左/右機関	機関運転時間	iインペラーは交換されたか? はい / いいえ	ログ頁
インペラーのブランドと品番				古いインペラーの状態	
日付		左/右機関	機関運転時間	iインペラーは交換されたか? はい / いいえ	ログ頁
インペラーのブランドと品番				古いインペラーの状態	
日付		左/右機関	機関運転時間	iインペラーは交換されたか? はい / いいえ	ログ頁
インペラーのブランドと品番				古いインペラーの状態	
日付		左/右機関	機関運転時間	iインペラーは交換されたか? はい / いいえ	ログ頁
インペラーのブランドと品番				古いインペラーの状態	
日付		左/右機関	機関運転時間	iインペラーは交換されたか? はい / いいえ	ログ頁
インペラーのブランドと品番				古いインペラーの状態	
日付		左/右機関	機関運転時間	iインペラーは交換されたか? はい / いいえ	ログ頁
インペラーのブランドと品番				古いインペラーの状態	
日付		左/右機関	機関運転時間	iインペラーは交換されたか? はい / いいえ	ログ頁
インペラーのブランドと品番				古いインペラーの状態	
日付		左/右機関	機関運転時間	iインペラーは交換されたか? はい / いいえ	ログ頁
インペラーのブランドと品番				古いインペラーの状態	
日付		左/右機関	機関運転時間	iインペラーは交換されたか? はい / いいえ	ログ頁
インペラーのブランドと品番				古いインペラーの状態	
日付		左/右機関	機関運転時間	iインペラーは交換されたか? はい / いいえ	ログ頁
インペラーのブランドと品番				古いインペラーの状態	
日付		左/右機関	機関運転時間	iインペラーは交換されたか? はい / いいえ	ログ頁
インペラーのブランドと品番				古いインペラーの状態	

原水ポンプインペラーの点検と交換

日付	左/右機関	機関運転時間	iインペラーは交換されたか? はい / いいえ	ログ頁
インペラーのブランドと品番			古いインペラーの状態	
日付	左/右機関	機関運転時間	iインペラーは交換されたか? はい / いいえ	ログ頁
インペラーのブランドと品番			古いインペラーの状態	
日付	左/右機関	機関運転時間	iインペラーは交換されたか? はい / いいえ	ログ頁
インペラーのブランドと品番			古いインペラーの状態	
日付	左/右機関	機関運転時間	iインペラーは交換されたか? はい / いいえ	ログ頁
インペラーのブランドと品番			古いインペラーの状態	
日付	左/右機関	機関運転時間	iインペラーは交換されたか? はい / いいえ	ログ頁
インペラーのブランドと品番			古いインペラーの状態	
日付	左/右機関	機関運転時間	iインペラーは交換されたか? はい / いいえ	ログ頁
インペラーのブランドと品番			古いインペラーの状態	

左/右機関 – 左舷または右舷エンジン
ログ頁 –「ログブックへの記入」を参照

まとめ

日付	左/右機関	機関運転時間	iインペラーは交換されたか? はい / いいえ	ログ頁
インペラーのブランドと品番			古いインペラーの状態	
日付	左/右機関	機関運転時間	iインペラーは交換されたか? はい / いいえ	ログ頁
インペラーのブランドと品番			古いインペラーの状態	
日付	左/右機関	機関運転時間	iインペラーは交換されたか? はい / いいえ	ログ頁
インペラーのブランドと品番			古いインペラーの状態	
日付	左/右機関	機関運転時間	iインペラーは交換されたか? はい / いいえ	ログ頁
インペラーのブランドと品番			古いインペラーの状態	

エンジンクーラント液/不凍液の排出と補充

メモ _____

日付		左/右機関	機関運転時間		古いクーラント液の状態	ログ頁
クーラント液排出 L		クーラント液注入 L		クーラント液のブランドとタイプ		
日付		左/右機関	機関運転時間		古いクーラント液の状態	ログ頁
クーラント液排出 L		クーラント液注入 L		クーラント液のブランドとタイプ		
日付		左/右機関	機関運転時間		古いクーラント液の状態	ログ頁
クーラント液排出 L		クーラント液注入 L		クーラント液のブランドとタイプ		
日付		左/右機関	機関運転時間		古いクーラント液の状態	ログ頁
クーラント液排出 L		クーラント液注入 L		クーラント液のブランドとタイプ		
日付		左/右機関	機関運転時間		古いクーラント液の状態	ログ頁
クーラント液排出 L		クーラント液注入 L		クーラント液のブランドとタイプ		
日付		左/右機関	機関運転時間		古いクーラント液の状態	ログ頁
クーラント液排出 L		クーラント液注入 L		クーラント液のブランドとタイプ		
日付		左/右機関	機関運転時間		古いクーラント液の状態	ログ頁
クーラント液排出 L		クーラント液注入 L		クーラント液のブランドとタイプ		
日付		左/右機関	機関運転時間		古いクーラント液の状態	ログ頁
クーラント液排出 L		クーラント液注入 L		クーラント液のブランドとタイプ		
日付		左/右機関	機関運転時間		古いクーラント液の状態	ログ頁
クーラント液排出 L		クーラント液注入 L		クーラント液のブランドとタイプ		
日付		左/右機関	機関運転時間		古いクーラント液の状態	ログ頁
クーラント液排出 L		クーラント液注入 L		クーラント液のブランドとタイプ		
日付		左/右機関	機関運転時間		古いクーラント液の状態	ログ頁
クーラント液排出 L		クーラント液注入 L		クーラント液のブランドとタイプ		

エンジンクーラント液/不凍液の排出と補充

日付		左/右機関	機関運転時間		古いクーラント液の状態	ログ頁
クーラント液排出 L		クーラント液注入 L		クーラント液のブランドとタイプ		
日付		左/右機関	機関運転時間		古いクーラント液の状態	ログ頁
クーラント液排出 L		クーラント液注入 L		クーラント液のブランドとタイプ		
日付		左/右機関	機関運転時間		古いクーラント液の状態	ログ頁
クーラント液排出 L		クーラント液注入 L		クーラント液のブランドとタイプ		
日付		左/右機関	機関運転時間		古いクーラント液の状態	ログ頁
クーラント液排出 L		クーラント液注入 L		クーラント液のブランドとタイプ		
日付		左/右機関	機関運転時間		古いクーラント液の状態	ログ頁
クーラント液排出 L		クーラント液注入 L		クーラント液のブランドとタイプ		
日付		左/右機関	機関運転時間		古いクーラント液の状態	ログ頁
クーラント液排出 L		クーラント液注入 L		クーラント液のブランドとタイプ		

左/右機関 – 左舷または右舷エンジン
ログ頁 –「ログブックへの記入」を参照
L – リットル

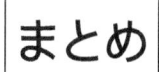
まとめ

日付		左/右機関	機関運転時間		古いクーラント液の状態	ログ頁
クーラント液排出 L		クーラント液注入 L		クーラント液のブランドとタイプ		
日付		左/右機関	機関運転時間		古いクーラント液の状態	ログ頁
クーラント液排出 L		クーラント液注入 L		クーラント液のブランドとタイプ		
日付		左/右機関	機関運転時間		古いクーラント液の状態	ログ頁
クーラント液排出 L		クーラント液注入 L		クーラント液のブランドとタイプ		
日付		左/右機関	機関運転時間		古いクーラント液の状態	ログ頁
クーラント液排出 L		クーラント液注入 L		クーラント液のブランドとタイプ		

エンジンクーラント液/不凍液の排出と補充

メモ _____

日付		左/右機関	機関運転時間	古いクーラント液の状態	ログ頁
クーラント液排出 L	クーラント液注入 L		クーラント液のブランドとタイプ		
日付		左/右機関	機関運転時間	古いクーラント液の状態	ログ頁
クーラント液排出 L	クーラント液注入 L		クーラント液のブランドとタイプ		
日付		左/右機関	機関運転時間	古いクーラント液の状態	ログ頁
クーラント液排出 L	クーラント液注入 L		クーラント液のブランドとタイプ		
日付		左/右機関	機関運転時間	古いクーラント液の状態	ログ頁
クーラント液排出 L	クーラント液注入 L		クーラント液のブランドとタイプ		
日付		左/右機関	機関運転時間	古いクーラント液の状態	ログ頁
クーラント液排出 L	クーラント液注入 L		クーラント液のブランドとタイプ		
日付		左/右機関	機関運転時間	古いクーラント液の状態	ログ頁
クーラント液排出 L	クーラント液注入 L		クーラント液のブランドとタイプ		
日付		左/右機関	機関運転時間	古いクーラント液の状態	ログ頁
クーラント液排出 L	クーラント液注入 L		クーラント液のブランドとタイプ		
日付		左/右機関	機関運転時間	古いクーラント液の状態	ログ頁
クーラント液排出 L	クーラント液注入 L		クーラント液のブランドとタイプ		
日付		左/右機関	機関運転時間	古いクーラント液の状態	ログ頁
クーラント液排出 L	クーラント液注入 L		クーラント液のブランドとタイプ		
日付		左/右機関	機関運転時間	古いクーラント液の状態	ログ頁
クーラント液排出 L	クーラント液注入 L		クーラント液のブランドとタイプ		
日付		左/右機関	機関運転時間	古いクーラント液の状態	ログ頁
クーラント液排出 L	クーラント液注入 L		クーラント液のブランドとタイプ		

エンジンクーラント液/不凍液の排出と補充

日付		左/右機関	機関運転時間	古いクーラント液の状態	ログ頁
クーラント液排出 L		クーラント液注入 L		クーラント液のブランドとタイプ	
日付		左/右機関	機関運転時間	古いクーラント液の状態	ログ頁
クーラント液排出 L		クーラント液注入 L		クーラント液のブランドとタイプ	
日付		左/右機関	機関運転時間	古いクーラント液の状態	ログ頁
クーラント液排出 L		クーラント液注入 L		クーラント液のブランドとタイプ	
日付		左/右機関	機関運転時間	古いクーラント液の状態	ログ頁
クーラント液排出 L		クーラント液注入 L		クーラント液のブランドとタイプ	
日付		左/右機関	機関運転時間	古いクーラント液の状態	ログ頁
クーラント液排出 L		クーラント液注入 L		クーラント液のブランドとタイプ	
日付		左/右機関	機関運転時間	古いクーラント液の状態	ログ頁
クーラント液排出 L		クーラント液注入 L		クーラント液のブランドとタイプ	

左/右機関 – 左舷または右舷エンジン
ログ頁 –「ログブックへの記入」を参照
L – リットル

まとめ

日付		左/右機関	機関運転時間	古いクーラント液の状態	ログ頁
クーラント液排出 L		クーラント液注入 L		クーラント液のブランドとタイプ	
日付		左/右機関	機関運転時間	古いクーラント液の状態	ログ頁
クーラント液排出 L		クーラント液注入 L		クーラント液のブランドとタイプ	
日付		左/右機関	機関運転時間	古いクーラント液の状態	ログ頁
クーラント液排出 L		クーラント液注入 L		クーラント液のブランドとタイプ	
日付		左/右機関	機関運転時間	古いクーラント液の状態	ログ頁
クーラント液排出 L		クーラント液注入 L		クーラント液のブランドとタイプ	

メモ _____

日付		左/右機関	機関運転時間	アノードの場所	ログ頁
古いアノードの状態			アノードは交換されたか? はい / いいえ	タイプ	
日付		左/右機関	機関運転時間	アノードの場所	ログ頁
古いアノードの状態			アノードは交換されたか? はい / いいえ	タイプ	
日付		左/右機関	機関運転時間	アノードの場所	ログ頁
古いアノードの状態			アノードは交換されたか? はい / いいえ	タイプ	
日付		左/右機関	機関運転時間	アノードの場所	ログ頁
古いアノードの状態			アノードは交換されたか? はい / いいえ	タイプ	
日付		左/右機関	機関運転時間	アノードの場所	ログ頁
古いアノードの状態			アノードは交換されたか? はい / いいえ	タイプ	
日付		左/右機関	機関運転時間	アノードの場所	ログ頁
古いアノードの状態			アノードは交換されたか? はい / いいえ	タイプ	
日付		左/右機関	機関運転時間	アノードの場所	ログ頁
古いアノードの状態			アノードは交換されたか? はい / いいえ	タイプ	
日付		左/右機関	機関運転時間	アノードの場所	ログ頁
古いアノードの状態			アノードは交換されたか? はい / いいえ	タイプ	
日付		左/右機関	機関運転時間	アノードの場所	ログ頁
古いアノードの状態			アノードは交換されたか? はい / いいえ	タイプ	
日付		左/右機関	機関運転時間	アノードの場所	ログ頁
古いアノードの状態			アノードは交換されたか? はい / いいえ	タイプ	
日付		左/右機関	機関運転時間	アノードの場所	ログ頁
古いアノードの状態			アノードは交換されたか? はい / いいえ	タイプ	

船舶– 全アノードの点検と交換

日付	左/右機関	機関運転時間	アノードの場所	ログ頁
古いアノードの状態		アノードは交換されたか？ はい ／ いいえ	タイプ	
日付	左/右機関	機関運転時間	アノードの場所	ログ頁
古いアノードの状態		アノードは交換されたか？ はい ／ いいえ	タイプ	
日付	左/右機関	機関運転時間	アノードの場所	ログ頁
古いアノードの状態		アノードは交換されたか？ はい ／ いいえ	タイプ	
日付	左/右機関	機関運転時間	アノードの場所	ログ頁
古いアノードの状態		アノードは交換されたか？ はい ／ いいえ	タイプ	
日付	左/右機関	機関運転時間	アノードの場所	ログ頁
古いアノードの状態		アノードは交換されたか？ はい ／ いいえ	タイプ	
日付	左/右機関	機関運転時間	アノードの場所	ログ頁
古いアノードの状態		アノードは交換されたか？ はい ／ いいえ	タイプ	

左/右機関 – 左舷または右舷エンジン
ログ頁 – 「ログブックへの記入」を参照

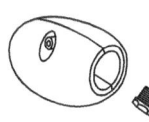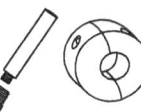

まとめ

亜鉛、マグネシウム、またはアルミニウムのタイプを混ぜないでください

日付	左/右機関	機関運転時間	アノードの場所	ログ頁
古いアノードの状態		アノードは交換されたか？ はい ／ いいえ	タイプ	
日付	左/右機関	機関運転時間	アノードの場所	ログ頁
古いアノードの状態		アノードは交換されたか？ はい ／ いいえ	タイプ	
日付	左/右機関	機関運転時間	アノードの場所	ログ頁
古いアノードの状態		アノードは交換されたか？ はい ／ いいえ	タイプ	
日付	左/右機関	機関運転時間	アノードの場所	ログ頁
古いアノードの状態		アノードは交換されたか？ はい ／ いいえ	タイプ	

船舶– 全アノードの点検と交換

Notes_____

日付	左/右機関	機関運転時間	アノードの場所	ログ頁
古いアノードの状態		アノードは交換されたか? はい / いいえ	タイプ	
日付	左/右機関	機関運転時間	アノードの場所	ログ頁
古いアノードの状態		アノードは交換されたか? はい / いいえ	タイプ	
日付	左/右機関	機関運転時間	アノードの場所	ログ頁
古いアノードの状態		アノードは交換されたか? はい / いいえ	タイプ	
日付	左/右機関	機関運転時間	アノードの場所	ログ頁
古いアノードの状態		アノードは交換されたか? はい / いいえ	タイプ	
日付	左/右機関	機関運転時間	アノードの場所	ログ頁
古いアノードの状態		アノードは交換されたか? はい / いいえ	タイプ	
日付	左/右機関	機関運転時間	アノードの場所	ログ頁
古いアノードの状態		アノードは交換されたか? はい / いいえ	タイプ	
日付	左/右機関	機関運転時間	アノードの場所	ログ頁
古いアノードの状態		アノードは交換されたか? はい / いいえ	タイプ	
日付	左/右機関	機関運転時間	アノードの場所	ログ頁
古いアノードの状態		アノードは交換されたか? はい / いいえ	タイプ	
日付	左/右機関	機関運転時間	アノードの場所	ログ頁
古いアノードの状態		アノードは交換されたか? はい / いいえ	タイプ	
日付	左/右機関	機関運転時間	アノードの場所	ログ頁
古いアノードの状態		アノードは交換されたか? はい / いいえ	タイプ	
日付	左/右機関	機関運転時間	アノードの場所	ログ頁
古いアノードの状態		アノードは交換されたか? はい / いいえ	タイプ	

船舶– 全アノードの点検と交換

日付	左/右機関	機関運転時間	アノードの場所	ログ頁
古いアノードの状態		アノードは交換されたか? はい / いいえ	タイプ	
日付	左/右機関	機関運転時間	アノードの場所	ログ頁
古いアノードの状態		アノードは交換されたか? はい / いいえ	タイプ	
日付	左/右機関	機関運転時間	アノードの場所	ログ頁
古いアノードの状態		アノードは交換されたか? はい / いいえ	タイプ	
日付	左/右機関	機関運転時間	アノードの場所	ログ頁
古いアノードの状態		アノードは交換されたか? はい / いいえ	タイプ	
日付	左/右機関	機関運転時間	アノードの場所	ログ頁
古いアノードの状態		アノードは交換されたか? はい / いいえ	タイプ	
日付	左/右機関	機関運転時間	アノードの場所	ログ頁
古いアノードの状態		アノードは交換されたか? はい / いいえ	タイプ	

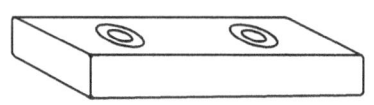 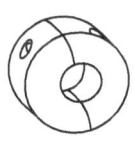 

まとめ

亜鉛、マグネシウム、またはアルミニウムのタイプを混ぜないでください

日付	左/右機関	機関運転時間	アノードの場所	ログ頁
古いアノードの状態		アノードは交換されたか? はい / いいえ	タイプ	
日付	左/右機関	機関運転時間	アノードの場所	ログ頁
古いアノードの状態		アノードは交換されたか? はい / いいえ	タイプ	
日付	左/右機関	機関運転時間	アノードの場所	ログ頁
古いアノードの状態		アノードは交換されたか? はい / いいえ	タイプ	
日付	左/右機関	機関運転時間	アノードの場所	ログ頁
古いアノードの状態		アノードは交換されたか? はい / いいえ	タイプ	

セイルドライブギアオイルの交換

日付	左/右機関	機関運転時間	古いオイルの状態	ログ頁
オイル排出		新オイル注入	オイルのブランドとグレード	

日付	左/右機関	機関運転時間	古いオイルの状態	ログ頁
オイル排出		新オイル注入	オイルのブランドとグレード	

日付	左/右機関	機関運転時間	古いオイルの状態	ログ頁
オイル排出		新オイル注入	オイルのブランドとグレード	

日付	左/右機関	機関運転時間	古いオイルの状態	ログ頁
オイル排出		新オイル注入	オイルのブランドとグレード	

日付	左/右機関	機関運転時間	古いオイルの状態	ログ頁
オイル排出		新オイル注入	オイルのブランドとグレード	

日付	左/右機関	機関運転時間	古いオイルの状態	ログ頁
オイル排出		新オイル注入	オイルのブランドとグレード	

日付	左/右機関	機関運転時間	古いオイルの状態	ログ頁
オイル排出		新オイル注入	オイルのブランドとグレード	

日付	左/右機関	機関運転時間	古いオイルの状態	ログ頁
オイル排出		新オイル注入	オイルのブランドとグレード	

日付	左/右機関	機関運転時間	古いオイルの状態	ログ頁
オイル排出		新オイル注入	オイルのブランドとグレード	

日付	左/右機関	機関運転時間	古いオイルの状態	ログ頁
オイル排出		新オイル注入	オイルのブランドとグレード	

日付	左/右機関	機関運転時間	古いオイルの状態	ログ頁
オイル排出		新オイル注入	オイルのブランドとグレード	

セイルドライブギアオイルの交換

日付	左/右機関	機関運転時間	古いオイルの状態	ログ頁
オイル排出	新オイル注入		オイルのブランドとグレード	

日付	左/右機関	機関運転時間	古いオイルの状態	ログ頁
オイル排出	新オイル注入		オイルのブランドとグレード	

日付	左/右機関	機関運転時間	古いオイルの状態	ログ頁
オイル排出	新オイル注入		オイルのブランドとグレード	

日付	左/右機関	機関運転時間	古いオイルの状態	ログ頁
オイル排出	新オイル注入		オイルのブランドとグレード	

日付	左/右機関	機関運転時間	古いオイルの状態	ログ頁
オイル排出	新オイル注入		オイルのブランドとグレード	

日付	左/右機関	機関運転時間	古いオイルの状態	ログ頁
オイル排出	新オイル注入		オイルのブランドとグレード	

左/右機関 – 左舷または右舷エンジン
ログ頁 – 「ログブックへの記入」を参照
L – リットル

セイルドライブ
ギアオイル

まとめ

日付	左/右機関	機関運転時間	古いオイルの状態	ログ頁
オイル排出	新オイル注入		オイルのブランドとグレード	

日付	左/右機関	機関運転時間	古いオイルの状態	ログ頁
オイル排出	新オイル注入		オイルのブランドとグレード	

日付	左/右機関	機関運転時間	古いオイルの状態	ログ頁
オイル排出	新オイル注入		オイルのブランドとグレード	

日付	左/右機関	機関運転時間	古いオイルの状態	ログ頁
オイル排出	新オイル注入		オイルのブランドとグレード	

セイルドライブギアオイルの交換

メモ _____

日付		左/右機関	機関運転時間	古いオイルの状態	ログ頁
オイル排出		新オイル注入		オイルのブランドとグレード	

日付		左/右機関	機関運転時間	古いオイルの状態	ログ頁
オイル排出		新オイル注入		オイルのブランドとグレード	

日付		左/右機関	機関運転時間	古いオイルの状態	ログ頁
オイル排出		新オイル注入		オイルのブランドとグレード	

日付		左/右機関	機関運転時間	古いオイルの状態	ログ頁
オイル排出		新オイル注入		オイルのブランドとグレード	

日付		左/右機関	機関運転時間	古いオイルの状態	ログ頁
オイル排出		新オイル注入		オイルのブランドとグレード	

日付		左/右機関	機関運転時間	古いオイルの状態	ログ頁
オイル排出		新オイル注入		オイルのブランドとグレード	

日付		左/右機関	機関運転時間	古いオイルの状態	ログ頁
オイル排出		新オイル注入		オイルのブランドとグレード	

日付		左/右機関	機関運転時間	古いオイルの状態	ログ頁
オイル排出		新オイル注入		オイルのブランドとグレード	

日付		左/右機関	機関運転時間	古いオイルの状態	ログ頁
オイル排出		新オイル注入		オイルのブランドとグレード	

日付		左/右機関	機関運転時間	古いオイルの状態	ログ頁
オイル排出		新オイル注入		オイルのブランドとグレード	

日付		左/右機関	機関運転時間	古いオイルの状態	ログ頁
オイル排出		新オイル注入		オイルのブランドとグレード	

セイルドライブギアオイルの交換

日付	左/右機関	機関運転時間	古いオイルの状態	ログ頁
オイル排出	新オイル注入		オイルのブランドとグレード	
日付	左/右機関	機関運転時間	古いオイルの状態	ログ頁
オイル排出	新オイル注入		オイルのブランドとグレード	
日付	左/右機関	機関運転時間	古いオイルの状態	ログ頁
オイル排出	新オイル注入		オイルのブランドとグレード	
日付	左/右機関	機関運転時間	古いオイルの状態	ログ頁
オイル排出	新オイル注入		オイルのブランドとグレード	
日付	左/右機関	機関運転時間	古いオイルの状態	ログ頁
オイル排出	新オイル注入		オイルのブランドとグレード	
日付	左/右機関	機関運転時間	古いオイルの状態	ログ頁
オイル排出	新オイル注入		オイルのブランドとグレード	

左/右機関 – 左舷または右舷エンジン
ログ頁 – 「ログブックへの記入」を参照
L – リットル

セイルドライブ
ギアオイル

まとめ

日付	左/右機関	機関運転時間	古いオイルの状態	ログ頁
オイル排出	新オイル注入		オイルのブランドとグレード	
日付	左/右機関	機関運転時間	古いオイルの状態	ログ頁
オイル排出	新オイル注入		オイルのブランドとグレード	
日付	左/右機関	機関運転時間	古いオイルの状態	ログ頁
オイル排出	新オイル注入		オイルのブランドとグレード	
日付	左/右機関	機関運転時間	古いオイルの状態	ログ頁
オイル排出	新オイル注入		オイルのブランドとグレード	

メモ _____

日付		左/右機関	機関運転時間	品番		ログ頁
シールの状態						

日付		左/右機関	機関運転時間	品番		ログ頁
シールの状態						

日付		左/右機関	機関運転時間	品番		ログ頁
シールの状態						

日付		左/右機関	機関運転時間	品番		ログ頁
シールの状態						

日付		左/右機関	機関運転時間	品番		ログ頁
シールの状態						

日付		左/右機関	機関運転時間	品番		ログ頁
シールの状態						

日付		左/右機関	機関運転時間	品番		ログ頁
シールの状態						

日付		左/右機関	機関運転時間	品番		ログ頁
シールの状態						

日付		左/右機関	機関運転時間	品番		ログ頁
シールの状態						

日付		左/右機関	機関運転時間	品番		ログ頁
シールの状態						

日付		左/右機関	機関運転時間	品番		ログ頁
シールの状態						

セイルドライブ – ゴム製シールの点検と交換

日付		左/右機関	機関運転時間	品番	ログ頁
シールの状態					

日付		左/右機関	機関運転時間	品番	ログ頁
シールの状態					

日付		左/右機関	機関運転時間	品番	ログ頁
シールの状態					

日付		左/右機関	機関運転時間	品番	ログ頁
シールの状態					

日付		左/右機関	機関運転時間	品番	ログ頁
シールの状態					

日付		左/右機関	機関運転時間	品番	ログ頁
シールの状態					

左/右機関 – 左舷または右舷エンジン
ログ頁 –「ログブックへの記入」を参照

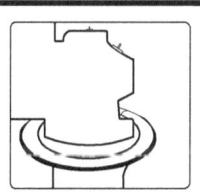

まとめ

日付		左/右機関	機関運転時間	品番	ログ頁
シールの状態					

日付		左/右機関	機関運転時間	品番	ログ頁
シールの状態					

日付		左/右機関	機関運転時間	品番	ログ頁
シールの状態					

日付		左/右機関	機関運転時間	品番	ログ頁
シールの状態					

セイルドライブ−メモ

セイルドライブ−メモ

まとめ

その他の装備品

日付	項目	メモ

その他の装備品

日付	項目	メモ

まとめ

まとめ- メモ

まとめ- メモ

まとめ

度量衡と換算

比重計によるクーラント液/不凍液のテスト

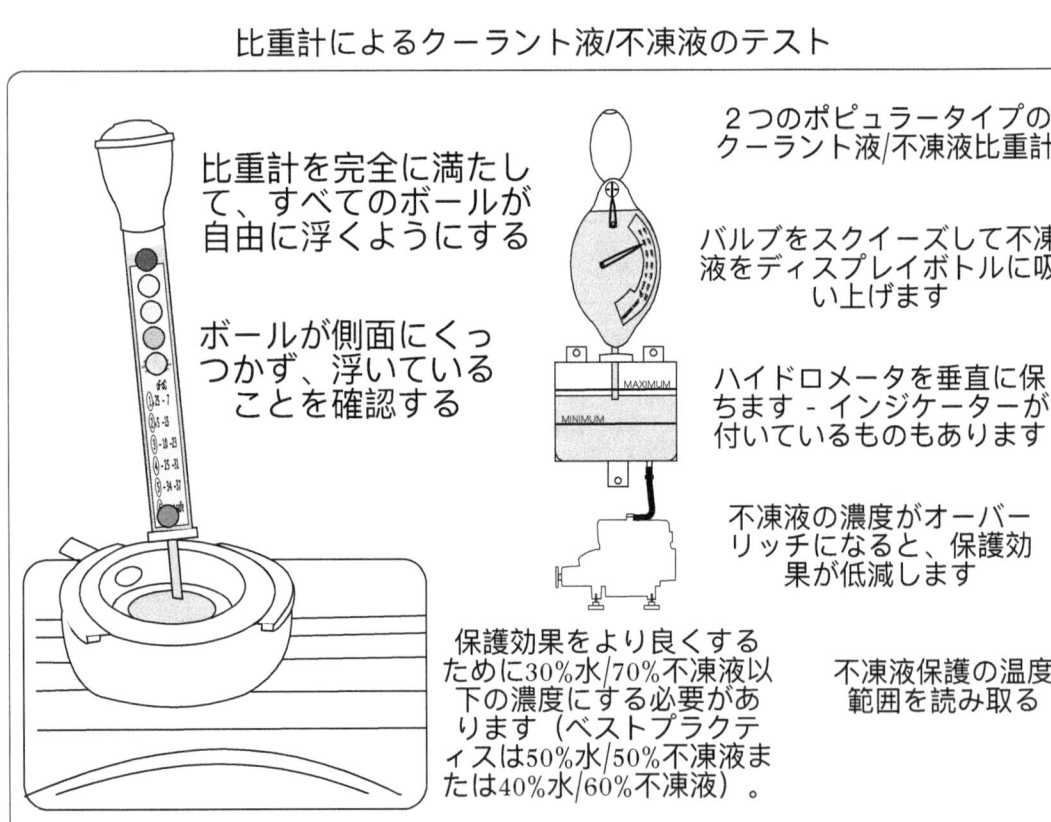

比重計を完全に満たして、すべてのボールが自由に浮くようにする

ボールが側面にくっつかず、浮いていることを確認する

２つのポピュラータイプのクーラント液/不凍液比重計

バルブをスクイーズして不凍液をディスプレイボトルに吸い上げます

ハイドロメータを垂直に保ちます - インジケーターが付いているものもあります

不凍液の濃度がオーバーリッチになると、保護効果が低減します

保護効果をより良くするために30%水/70%不凍液以下の濃度にする必要があります（ベストプラクティスは50%水/50%不凍液または40%水/60%不凍液）。

不凍液保護の温度範囲を読み取る

面積 - メートル法とインペリアル法

cm = センチメートル
cm² = 平方センチメートル
ft = フィート
ft² = 平方フィート
m = メートル
m² = 平方メートル
mm = ミリメートル
mm² = 平方ミリメートル

算式 mm² x 0.01 = cm² mm² x 0.00155 = in²			
mm x mm	mm²	cm²	in²
2 x 2	4	0.04	0.0062
3 x 3	9	0.09	0.014
4 x 4	16	0.16	0.025
5 x 5	25	0.25	0.039
6 x 6	36	0.36	0.056
7 x 7	49	0.49	0.076
8 x 8	64	0.64	0.099
9 x 9	81	0.81	0.125
10 x 10	100	1	0.155

算式 * cm² x 0.155 = in²	
cm²	inch²
1	0.155
2	0.31
3	0.465
4	0.62
5	0.775
10	1.55
15	2.325
20	3.1
25	3.875
50	7.75
75	11.625
100	15.50

算式 in² x 6.45 = cm²	
inch²	cm²
1	6.45
2	12.90
3	19.35
4	25.81
5	32.26
10	64.52
15	96.77
20	129
25	161
50	322
75	484
100	645

*例： *3 cm² x 0.155 = 0.465 in²*

算式 * m² x 10.76 = ft²	
m²	ft²
1	10.76
2	21.53
3	32.28
4	43.06
5	53.82
10	107.64
15	161.46
20	215.28
25	269
50	538
75	807
100	1076

算式 ft² x 0.0929 = m²	
ft²	m²
1	929 cm²
2	0.186
3	0.279
4	0.372
5	0.465
10	0.93
15	1.39
20	1.86
25	2.32
50	4.65
75	6.97
100	9.29

度量衡

メトリック法

1 平方センチメートルで
100 平方ミリメートル

1 平方メートルで
10,000 平方センチメートル

1 平方インチで 646 平方 mm

インペリアル法

1 平方フィート = 144 平方インチ

1 平方ヤード = 9 平方フィート

1 平方メートル = 10.76 平方フィート

*例： *3 m² x 10.76 = 32.28 ft²*

ディーゼル関連 - 容積と重量

ディーゼル

ディーゼル燃料の密度、したがって重量は、そのブレンド（#1 と #2）と温度によって異なります。より冷たくて濃いディーゼルは夏季におけるディーゼルよりも重くなります。ディーゼルは水より軽い - その比重は 0.82 から 0.95 の間で変化します。淡水は 1、海塩水は 1.025 です。

1 リットル = ± 832 グラムまたは ± 1.87 ポンド
1 ガロン (米国) = ± 3.32 kg または ± 7.1 ポンド
1 ガロン (Imp) = ± 3.87 kg または ± 8.5 ポンド

数値は燃料密度の変化と端数処理により概算値です。

gall imp. = インペリアルガロン
gall US = 米国ガロン

kg = キログラム
lb = ポンド

算式* kg x 1.18 = L / kg x 0.31 = Gall US / kg x 0.259 = Gall Imp.			
Kilogram	**Litre**	**Gallon US**	**Gallon imperial**
1 kg	1.18	0.31	0.259
2 kg	2.36	0.62	0.518
3 kg	3.54	0.93	0.777
4 kg	4.72	1.24	1.036
5 kg	5.9	1.55	1.295
10 kg	11.8	3.1	2.59
15 kg	17.7	4.65	3.885
20 kg	23.6	6.2	5.18

算式 lb x 0.53 = Litre / lb x 0.14 = Gall US / lb x 0.12 = Gall Imp.			
Pound	**Litre**	**Gallon US**	**Gallon imperial**
1 lb	0.53	0.14	0.12
2 lbs	1.06	0.28	0.24
3 lbs	1.59	0.42	0.36
4 lbs	2.12	0.56	0.48
5 lbs	2.65	0.7	0.6
10 lbs	5.3	1.4	1.2
15 lbs	7.95	2.1	1.8
20 lbs	10.6	2.8	2.4

例: 2 kg x 1.18 = 2.36 L ディーゼル

算式 L x 0.832 = kgs / L x 1.87 = lbs		
Litre	**kgs**	**lbs**
1 L	0.832	1.87
2 L	1.66	3.74
3 L	2.496	5.61
4 L	3.328	7.48
5 L	4.16	9.35
10 L	8.32	18.7
15 L	12.48	28.05
20 L	16.64	37.4

算式 G US x 7.10 = lbs / G US x 3.32 = kgs		
Gallon US	**lbs**	**kgs**
1 G US	7.10	3.32
2 G US	14.2	6.64
3 G US	21.30	9.96
4 G US	28.40	13.28
5 G US	35.50	16.60
10 G US	71	33.20
15 G US	106.50	49.80
20 G US	142	66.4

算式 G imp x 8.5 = lbs / G imp x 3.87 = kgs		
Gallon imp	**lbs**	**kgs**
1 G imp	8.5	3.87
2 G imp	17	7.74
3 G imp	25.5	11.61
4 G imp	34	15.48
5 G imp	42.50	19.35
10 G imp	85	38.70
15 G imp	127.5	58.05
20 G imp	170	77.40

電気関連 – ゲオルク オームの法則

オームの法則は、次の関係を説明しています:
電流 (アンペア, A)、抵抗 (オーム, Ω)、および電圧 (V) 。

電圧	X	アンペア	=	**ワット**
ワット	÷	アンペア	=	電圧
ワット	÷	電圧	=	アンペア

アンペアの計算例:
12 ボルトのデバイスの定格は 80 ワットです。何アンペアですか?
80 ÷ 12 = 6.67A

電気関連 – ジェームズ・ワットの法則

オームの法則は、次の関係を説明しています:
電流 (アンペア, A)、抵抗 (オーム, Ω)、および電圧 (V) 。

アンペア	X	**抵抗 (Ω)**	=	電圧
電圧	÷	**抵抗 (Ω)**	=	アンペア
電圧	÷	amps	=	**抵抗 (Ω)**

抵抗の計算例:
$V \div A\,(I) = R$
$12 \div 4 = 3\,\Omega$

このピラミッドを使って、2つの値が既知の場合、3番目の値を計算できます

I x R = 電圧
V ÷ R = アンペア (I)
V ÷ I = 抵抗

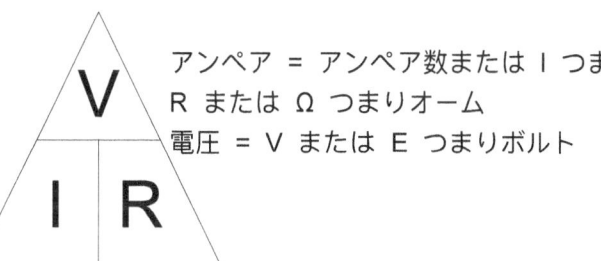

アンペア = アンペア数または I つまり電流
R または Ω つまりオーム
電圧 = V または E つまりボルト

アンペア時 (AH) - バッテリーが**20**時間に供給できる合計アンペア。定格が高いほど、バッテリーが時間の経過とともにより多くの総電力を供給できるようになります。
ΛH 定格はディープ サイクルバッテリーに適用されます - **100AH** バッテリーは、約 **5A** を **20** 時間供給できます。

コールドクランキングアンペア (CCA) - 12Vバッテリーが摂氏-18℃ (0℉) の環境で、電圧を **7.2** ボルト以上に維持しながら**30** 秒間発生できる電流 (アンペア)。CCA値が大きいほど、バッテリーがスターターモーターに供給できるエネルギーが多くなり、エンジン始動がより容易になり、持続時間がより長くなる。

マリンクランキングアンペア (MCA) - 12-v バッテリーが摂氏 **0℃ (32℉)**の環境で電圧を**7.2**ボルト以上に維持しながら**30**秒間発生できる電流 (アンペア)。

リザーブキャパシティ (RC) - バッテリーが26.7℃ (80℉)°の環境で10.5v (12-ボルトバッテリー) 電圧を維持しながら 25 アンペアを供給できる持続時間（分）。

度量衡

電圧	ウェットセル	AGM	ゲルセル	リチウム
100%	12.60-12.70	12.80 - 12.90	12.85 - 12.95	13.4 - 14.4
75%	12.40	12.60	12.65	13.2
50%	12.20	12.30	12.35	13.1
25%	12.00	12.00	12.00	13.0
0%	11.80	11.80	11.80	10.0

CCAを MCAへ換算
– CCAに1.3を掛ける

MCAをCCAへ換算
– MCAに0.77を掛ける

AGM：吸収性グラスマット

長さ/距離 - メートル法、インペリアル法、ノーティカル法

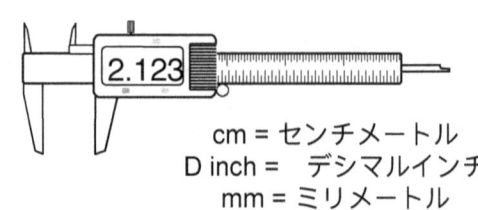

cm = センチメートル
D inch = デシマルインチ
mm = ミリメートル

mm	inch
1	0.0394
2	0.078
3	0.1181
4	0.157
5	0.197
6	0.236
7	0.276
8	0.315
9	0.355
10	0.394

cm	inch
1	0.394
2	0.788
3	1.18
4	1.575
5	1.968
10	3.94
15	5.91
20	7.87
25	9.84
50	19.69
75	29.53
100	39.37

inch	D inch	mm
1/8	0.125	3.175
1/4	0.250	6.35
3/8	0.375	9.525
1/2	0.5	12.7
5/8	0.625	15.875
3/4	0.75	19.05
7/8	0.875	22.23

デシマルインチ

多くの電子マイクロメータは、分数ではなくデシマル（10進数）インチを表示します。すなわち、1インチを1000等分に分割すると、優れた精度が得られます；例えば、0.650 は 5/8 インチよりわずかに大きい。

inch	cm
1	2.54
2	5.08
3	7.62
4	10.16
5	12.7
10	25.4
15	38.10
20	50.80
25	63.5
50	127
75	190.5
100	254

算式
メートル x 3.28 = フィート
メートル x 1.09 = ヤード

メートル	フィート	ヤード
1	3.28	1.09
5	16.40	5.47
10	32.81	10.94
15	49.21	16.40
20	65.62	21.87
25	82.02	27.34
50	164.04	54.68
75	246.06	82
100	328.08	109.36

算式
ヤード x 0.914 = メートル

ヤード	メートル
1	0.914
5	4.572
10	9.14
15	13.72
20	18.29
25	22.86
50	45.72
75	68.58
100	91.44

算式
ファゾム x 1.829 = メートル
ファゾム x 6 = フィート

ファゾム	メートル	フィート
1	1.829	6
5	9.144	30
10	18.29	60
15	27.43	90
20	36.58	120
25	45.72	150
50	91.44	300
75	137.16	450
100	182.88	600

長さ/距離 - メートル法、インペリアル法、ノーティカル法

km = キロメートル
kn = ノット　　　　1 ノット = 1時間あたり1海里
nm = 海里

算式* km × 0.54 = 海里 km x 0.62 = マイル		
km	海里	マイル
1	0.54	0.62
10	5.40	6.21
20	10.79	12.43
30	16.20	18.64
50	27	31.07
100	54	62.14
300	162	186.41
500	270	310.69
750	404.97	466.03
1000	639.96	621.37

算式 海里 x 1.852 = km 海里 x 1.151 = マイル		
海里	km	マイル
1	1.852	1.151
10	18.52	11.51
20	37.04	23
30	55.56	34.52
50	92.60	57.54
100	185.20	115.08
300	555.60	345
500	926	575.4
750	1389	863
1000	1852	1150.78

算式 マイル x 0.87 = 海里 マイル x 1.609 = km		
マイル	海里	km
1	0.87	1.609
10	8.69	16.09
20	17.38	32.19
30	26.07	48.28
50	43.45	80.47
100	86.90	160.93
300	260.69	482.80
500	434.49	804.67
750	651.73	1207
1000	868.98	1609.34

*例: 1km×0.54 = 0.54海里

速度 ノット	時間/距離 海里	
	12時間	24時間
0.5	6	12
1	12	24
1.5	18	36
2	24	48
2.5	30	60
3	36	72
3.5	42	84
4	48	96
4.5	54	108
5	60	120
6	72	144
7	84	168
8	96	192
9	108	216
10	120	240
11	132	264
12	144	288

速度換算 (ノット、kmh、mph)
272頁参照

度量衡

緯度 1 分 = 1 海里
緯度 60 分 = 1 度
1 度 = 60 海里
1 海里 = 1852 メートル
1 海里 = 2025 ヤード

100 cm = 1メートル
1 メートル = 3.28 フィート

3 フィート = 1 ヤード
3 フィート = 0.914 メートル

出力 - 馬力とキロワット

1 馬力 = 750キログラムの重さの物体を10秒間に1メートル持ち上げるのに必要なパワー

bhp ＝ 制動馬力
hp ＝ 馬力
kW ＝ キロワット
W ＝ ワット

1 キロワット(kW) = 1000 ワット
1 kW = 1.36 メトリック馬力 (mhp)
1 mhp = 0.735 kW
1 kW = 1.34 馬力 (メカニカル)
1 hp = 0.7457 kW

metric hp	kW	UK/US hp
1	0,735	0,986
5	6,798	4,932
10	7,355	9,863
20	14,710	19,7264
30	22,065	29,5896
40	29,420	39,453
50	36,775	49,316
60	44,13	59,179
70	51,485	69,042
80	58,84	78,9056
90	66,195	88,7688
100	73,55	98,632
120	88,260	118,358
140	102,97	138,085
160	117,68	157,81
180	132,39	177,538
200	147,10	197,26

*例: 50 mhp x 0.735 = 36.75 kW

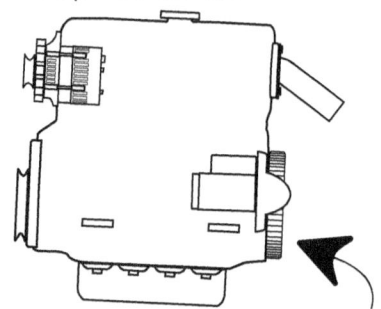

制動馬力 (bhp)
エンジン出力において測定 – エンジン内部の摩擦により馬力よりわずかに小さい

軸馬力 （shp）
= プロペラにおいて動力として利用できる出力
= 制動馬力より±2%少ない

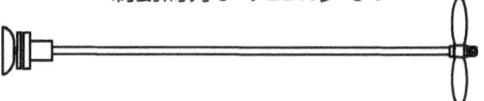

UK/US hp	kW	metric hp
1	0,74569	1,01
5	3,728	5,07
10	7,4569	10,14
20	14,91	20,28
30	22,37	30,42
40	29,8279	40,56
50	37,29	50,5
60	44,74	60,83
70	52,20	70,97
80	59.66	81,11
90	67.11	91,25
100	74.57	101,39
120	89,48	121,66
140	104,40	141,94
160	119,31	162,22
180	134,23	182,50
200	149,14	202,77

*例: 50 hp x 1,01 = 50,5 mhp

これまで製造された最小のディーゼルは、次のように考えられています。
•Nano BeeはRonald Valentine氏によって設計・作製された
• ピストンボア 2mm
• 排気量 006cc (0.00037 立方インチ)
•長さ2.22cm （7/8インチ）
• 最大 12,800 rpm
• 500 米ドルで販売

これまで製造された最大のディーゼルエンジン:
• 109,000 馬力 Wärtsilä-Sulzer-RTA96-C
• 2006 年に Emma Maersk に据え付け
• 2 ストローク、14 気筒
• ピストンボア 960 mm (38 インチ)
• ピストンの高さ 6m (20 フィート)
• ピストン速度 毎秒 8.5m (28 フィート)
• 22 ～102 rpm
• 1日あたり最大250トンの重油

圧力 - メートル法とインペリアル法

算式 * Pa x 0.000145 = psi Pa x 0.0075 = mmHg Pa x 0.000295 = inHg			
Pa - kPa	psi	mmHg	In Hg
10,000	1.45	75	2.59
15,000	2.18	112	4.43
20 **kPa**	2.90	150	5.9
25 **kPa**	3.63	187	7.38
30 **kPa**	4.35	225	8.86
35 **kPa**	5.08	262	10.33
40 **kPa**	5.8	300	11.81
45 **kPa**	6.53	337	13.29
50 **kPa**	7.25	375	14.76

例: 20 kPa x 0.000145 = 2.9 psi

算式 Mpa x 145.038 = psi	
MPa	psi
1	145
2	290
3	435
4	580
5	725

算式 inHg x 25.4 = mmHg inHg x 3386 = Pa inHg x 0.491 = psi			
inHg	mmHg	Pa - kPa	psi
1	25.4	3386	0.491
2	50.8	6772	0.982
3	76.2	10159	1.473
4	101.6	13545	1.965
5	127	16.93 **kPa**	2.456
6	152.4	20.32 **kPa**	2.95
7	177.8	23.70 **kPa**	3.44
8	203	27.09 **kPa**	3.93
9	228.6	30.48 **kPa**	4.42
10	254	33.86 **kPa**	4.912

算式 psi x 6894.76 = Pa psi x 2.036 = inHg psi x 51.72 = mmHg			
psi	Pa - kPa	mmHg	inHg
1	6894.76	51.72	2.036
10	68947.60	517.15	20.36
20	137.90 **kPa**	1034	40.72
30	206.84 **kPa**	1551	61.08
40	275.79 **kPa**	2068	81.44
50	344.74 **kPa**	2585	101.80
100	689.48 **kPa**	5171	203.60
500	3447.38 **kPa**	25857	1018
1000	6894.76 **kPa**	51714	2036

mmHG = 水銀柱ミリメートル
kPa = 1000 パスカル
MPa = 1,000,000 パスカル
inHg = 水銀柱インチ
Pa = パスカル
psi = 1 平方インチあたりのポンド

海抜での大気圧(atm)
= ± 760.00 mmHg
= ± 1.0013 バール
= ± 29.921 inHg
= ± 101.325 kPa
= ± 14.7 psi

度量衡

算式 mmHg x 0.039 = inHg mmHg x 133.32 = Pa mmHg x 0.019 = psi			
mmHg	inHg	Pa - kPa	psi
50	1.968	6666	0.967
100	3.94	13.332	1.933
200	7.87	26.66 **kPa**	3.868
300	11.81	40	5.8
400	15.75	53.33	7.74
500	19.68	66.66	9.67
750	29.53	100	14.50
100 **cm**	39.37	133.33	19.34

速度 - メートル法、インペリアル法、ノーティカル法

ft/s ＝ フィート/秒
knots ＝ ノット (1時間あたり 1海里)
kph ＝ キロメートル毎時

mph ＝ マイル毎時
m/s ＝ メートル毎秒

算式*				
kph x 0.621 = mph				
kph x 0.278 = m/s				
kph x 0.911 = ft/s				
kph x 0.54 = knots				
kph	mph	m/s	ft/s	knots
1	0.62	0.28	0.911	0.54
5	3.11	1.39	4.56	2.7
10	6.21	2.78	9.11	5.4
15	9.32	4.17	13.67	8.10
20	12.43	5.56	18.23	10.8
25	15.53	6.95	22.78	13.5
30	18.64	8.34	27.34	16.2

*例： *5 kph x 0.621 = 3.105*

算式				
m/s x 3.6 = kph				
m/s x 2.237 = mph				
m/s x 3.281 = ft/s				
m/s x 1.944 = knots				
m/s	kph	ft/s	mph	knots
1	3.6	3.28	2.24	1.94
5	18	16.40	11.18	9.72
10	36	32.81	22.37	19.44
15	54	49.21	33.55	29.16
20	72	65.62	44.74	38.88
25	90	82.02	55.92	48.60
30	108	98.42	67.11	58.31

算式				
mph x 1.609 = kph				
mph x 0.447 = m/s				
mph x 1.467 = ft/s				
mph x 0.869 = knots				
mph	kph	m/s	ft/s	knots
1	1.61	0.45	1.47	0.87
5	8.05	2.24	7.33	4.34
10	16.09	4.47	14.68	8.69
15	24.14	6.71	22	13.03
20	32.19	8.94	29.33	17.38
25	40.23	11.18	36.67	21.72
30	48.28	13.41	44	26.07

算式				
knot x 1.852 = kph				
knot x 0.514 = m/s				
knot x 1.688 = ft/s				
knot x 1.151 = mph				
knots	kph	m/s	mph	ft/s
1	1.85	0.51	1.15	1.69
2	3.7	1.03	2.3	3.38
3	5.56	1.54	3.45	5.06
4	7.41	2.06	4.6	6.75
5	9.26	2.57	5.75	8.44
10	18.52	5.14	11.51	16.88
15	27.78	7.71	17.26	25.32

f/s	mph	m/s	kph	knots
1	0.682	0.305	1.097	0.592
10	6.82	3.48	10.97	5.93
20	13.64	6.1	21.95	11.85
30	20.45	9.14	32.92	17.77
40	27.27	12.19	43.89	23.70
50	34.09	15.24	54.86	29.62
100	68.18	30.48	109.73	59.25

算式
ft/s X 2.9 = kph
ft/s X 0.305 = m/s
ft/s X 2.05 = mph
ft/s X 1.78 = knots

1ノット＝0.51メートル毎秒

ノットx　時間＝海里
269頁参照

温度 - ºC と ºF

エンジン動作温度	ºC	ºF
間接冷却	70 - 85 ºC	158 - 185 ºF
直接冷却	55 - 70 ºC	131 - 158 ºF

ディーゼル特性	ºC	ºF
ディーゼル引火点 - ディーゼルヒュームが燃える最低温度	52 - 82 ºC	125 - 180 ºF
ディーゼル自着火 - 燃料が着火源なしで着火する最低温度	210 ºC	410 ºF
噴射前のシリンダーエア温度	500 ºC	920 ºF
火炎温度 （燃焼ガス）	1400 ºC	2550 ºF
排気マニホールドのディーゼル温度	300 - 1000 ºC	1470 - 1800 ºF
原水注入後排気温度	40 - 50 ºC	104 - 122 ºF

概略温度に過ぎない - 正確な温度は多くの変数に依存します

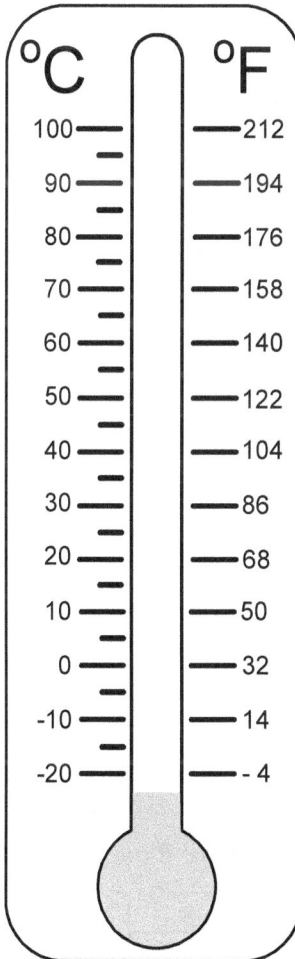

ºCをºFに換算するには
$1 ºC \times 1.8 + 32 = ºF$

例: *10 ºC x 1.8 = 18 + 32 = 40 ºF*

ºFをºCに換算するには
$1 ºF - 32 \times 0.5566 = ºC$

例: *56 ºF - 32 = 24 x 0.5566 = 13 ºC*

度量衡

海抜ゼロにおける純水の沸点	100 ºC	212 ºF
海抜ゼロにおける純水の凝固点	0 ºC	32 ºF
海水(塩分3.5%)の凝固点	2 ºC	28 ºF

回転する熱帯性暴風雨を形成する水温: 26 ºC (79 ºF)
何がどこで?
サイクロン – インド洋
ハリケーン – 大西洋、太平洋
台風 – 西太平洋、南シナ海

トルク - メートル法とインペリアル法

トルク＝力と距離をかけた値で、物体（シャフトなど）を回転させるのに必要なモーメント

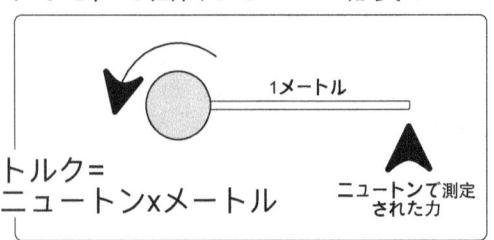

トルク＝
ニュートンxメートル

ニュートンで測定された力

1 メートル

N = ニュートン
Nm = ニュートンメートル

in oz = インチオンス
フィートポンド またはフィート重量ポンド

算式*
Nm X 141.61 = in oz
Nm X 0.738 = ft lbf
ft lb X 1.356 = N m
ft lb X 12 = in lb
ft lb X 16 = in oz
in lb X 0.083 = Nm
in lb X 16 = in oz
in oz X 0.007 = nM
in oz X 0.005 = ft lb

*例 : 2Nm x 141.61 = 283.22 in oz

1 ニュートン = 1 キログラムの物体を1メートル毎秒毎秒の加速度で1メートルの距離動かすのに必要な力 (メートル毎 秒毎秒 (m/s2) は加速度の標準測定単位です)

1 ニュートンメートルは、物体を移動または回転させるために 1 メートルのレバー（てこ）で加えられる 1 kg の力（1 ニュートン）です。

1フィート ポンドは、物体を移動または回転させるために 1 フートのレバーで加えられる 1 ポンドの力です。

Nm	in oz	ft lb
1	141.6	0.74
2	283	1.475
3	425	2.213
4	566	2.95
5	708	3.69
6	850	4.43
7	991	5.16
8	1133	5.9
9	1274	6.64
10	1416	7.38
20		14.75
30		22.13
40		29.5
50		36.88
60		44.25
70		51.63
80		59
90		66.38
100		73.76
125		92.20
150		110
175		129
200		147

in oz	ft lb	Nm
5	0.026	0.035
6	0.03	0.04
7	0.036	0.05
8	0.04	0.056
9	0.046	0.06
10	0.05	0.07
15	0.078	0.106
20	0.10	0.141
25	0.13	0.176
30	0.156	0.2
35	0.18	0.47

in lb	in oz	Nm
5	80	0.035
6	96	0.04
7	112	0.05
8	128	0.056
9	144	0.06
10	160	0.07
15	240	0.106
20	320	0.141
25	400	0.176

ft lb	in oz	Nm
1	192	1.36
2	384	2.7
3	576	4
4	768	5.4
5	960	6.8
6	1152	8.13
7	1344	9.5
8	1536	10.85
9	1728	12.20
10	1920	13.56
20		27
30		40.67
40		54.23
50		67.79
60		81.35
70		94.91
80		108.46
90		122
100		135.58
125		169.47
150		203.37
175		237
200		271

容積 - メートル法とインペリアル法

1000 ミリリットル ＝ 1 リットル
16液量オンス米国
＝ 1パイント米国
20液量オンスインペリアル
＝ 1パイント
2パイント ＝ 1クォート
8パイント ＝ 1ガロン

fl.oz US = アメリカ液量オンス
fl.oz Imp =
インペリアル (英国) 液量オンス
mL = ミリリットル
L = リットル

G (米国) = 米国ガロン
G (Imp) =
インペリアルガロン
Pt (米国) = 米国パイント
Pt (Imp) =
インペリアル パイント

算式 mL x 0.034 = Fl. Oz US mL x 0.035 = Fl. Oz Imp.		
mL	Fl Oz. US	Fl Oz Imp.
5	0.17	0.176
10	0.35	0.35
25	0.85	0.88
50	1.69	1.76
100	3.38	3.52
250	8.45	8.80
500	16.91	17.60
750	25.36	26.40

算式 Fl Oz. US x 29.574 = mL Fl. Oz US x 1.04 = Fl. Oz Imp.		
Fl Oz. US	mL	Fl. Oz Imp.
1	29.57	1.04
2	59	2.08
3	89	3.12
4	118	4.16
5	148	5.20
10	296	10.41
15	444	15.61
20	591	20.82

算式 Fl. Oz Imp. x 28.41 = mL Fl. Oz. Imp. x 0.961 = Fl. Oz. US		
Fl Oz. Imp.	mL	Fl Oz US
1	28.41	0.96
2	57	1.92
3	85	2.88
4	114	3.84
5	142	4.8
10	284	9.6
15	426	14
20	568	19

Pint US	Pint Imp.
1	0.83
2	1.66
3	2.5
4	3.33
5	4.16

Pint Imp.	Pint US
1	1.20
2	2.4
3	3.6
4	4.8
5	6

算式
Pt (米国) x 0.833 = インペリアル パイント
インペリアル パイント
x 1.2 = Pt (米国)

雨滴20滴 ＝ ±1mL

Litre	G US	G Imp.	Fl Oz US	Fl. Oz Imp.
1	0.26	0.22	33.81	35.19
2	0.56	0.44	67.63	70.39
3	0.79	0.66	101.44	105.59
4	1.06	0.88	135.26	140.78
5	1.32	1.10	169.07	175.98

算式*
L x 0.264 = G US
L x 0.22 = G Imp.
L x 33.81 = Fl. Oz. US
L x 35.19 = Fl. Oz. Imp

度量衡

*例: 2L x 0.22 = 0.44 ガロンインペリアル

算式 G US x 3.78 = L G US x 0.833 = G Imp. G US x 128 = Fl. Oz. US G US x 133.23 = Fl. Oz. Imp				
G US	L	G Imp.	Fl Oz US	Fl. Oz Imp.
1	3.78	0.83	128	133.23
2	7.57	1.66	256	266.46
3	11.36	2.5	384	399.68
4	15.14	3.33	512	532.91
5	18.93	4.16	640	666.14

算式 G Imp x 4.546 = L G Imp x 1.20 = G US G Imp x 153.72 = Fl Oz. US G Imp x 160 = Fl. Oz. Imp				
G Imp	L	G US	Fl Oz US	Fl. Oz Imp.
1	4.55	1.20	153.72	160
2	9.09	2.4	307.44	320
3	13.64	3.6	461.17	480
4	18.18	4.8	614.89	640
5	22.73	6	768.61	800

重量 - メートル法とインペリアル法

ピュアウォーター（純水）
1 リットル = 1 キログラムまたは 2.2 ポンド
1 ガロン (米国) = 3.78 kg または 8.34 ポンド
1 ガロン (英国) = 4.55 kg または 10.02 ポンド

塩水（塩分±3.5%）
1 リットル =
±1.025 キログラムまたは 2.26 ポンド
1 ガロン (米国) =
± 3.7 kg または 8.56 ポンド
1 ガロン (英国) =
± 4.66 kg または 10.26 ポンド
1 立方メートル = ±1020 kg

1 kg = 1000 グラム
1 kg = 35.24 オンス
1kg = 2.2ポンド

1 オンス = 28 グラム
16 オンス = 1 ポンド
1 ポンド = 454 グラム
1 ポンド = 0.45 キロ

g = グラム
kg = キログラム
lb = ポンド
oz = オンス

算式*		
g x 0.035 = oz		
g x 0.002 = lb		
kg x 35.274 = oz		
kg x 2.2 = lb		
gram	**oz**	**lb**
10	0.353	0.022
50	1.76	0.11
100	3.53	0.22
500	17.64	1.1
1 **kg**	35.27	2.2
2 **kg**	70	4.4
3 **kg**	106	6.61
4 **kg**	141	8.82
5 **kg**	176	11

算式	
oz x 28.35 = g	
lb x 454 = g	
oz	**gram**
1	28.35
2	56
3	85
4	113
5	142
10	283
15	425
1 **lb**	454
2 **lb**	907

例 :30g x 0.035 = 1.05 oz

算式		
lb x 16 = oz		
lb x 454 = g		
lb x 0.454 = kg		
lb	**oz**	**gram/kg**
1	16	454
2	32	907
3	48	1.36 **kg**
4	64	1.81 **kg**
5	80	2.27 **kg**
10	160	4.54 **kg**
15	240	6.80 **kg**
20	320	9.07 **kg**
25	400	11.34 **kg**

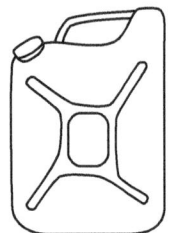

20L ディーゼル
= 16.64 キロ。
= 37.41 ポンド

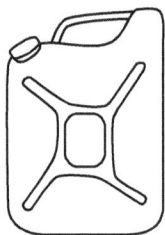

20Lの淡水
= 20kg。
= 44 ポンド

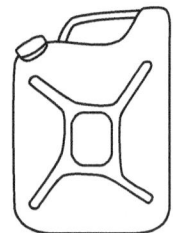

20Lの塩水
= 20.5kg。
= 45.2 ポンド

タップおよびドリル穴のサイズ (ミリメートルおよびインチ)

mm タップサイズ	mm ドリルサイズ	インチ ドリルサイズ
2	1.5	1/16
3	2.5	3/32
4	3.5	9/64
5	4.5	11/64
6	5	13/64
7	6	15/64
8	7	9/32
10	9	23/64
12	10.5	13/32
14	12.5	31/64

インチ タップサイズ	インチ ドリルサイズ	mm ドリルサイズ
1/8	3/32	2.38
1/4	7/32	5.5
5/16	9/32	7
3/8	5/16	8
1/2	15/32	12
5/8	35/64	14
3/4	11/16	17.5
7/8	13/16	20.5
1	7/8	22

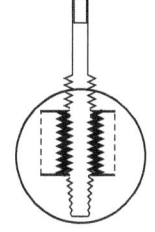

最も頻繁に使用されるプラグおよびテーパタップ

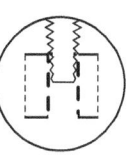

テーパタップは、ドリル穴で垂直に開始するのが最も簡単です

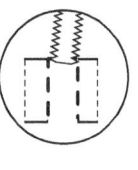

ボトミングとプラグタップは正確に垂直に開始するのがより困難です

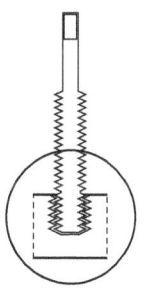

ボトミングタップは盲穴(出口がない)をタップするのに使用されます。

注: 示されたドリルサイズは、市販の同等品です
(1.6mmのドリルビットは、多くのボートでは見られません!)

度量衡

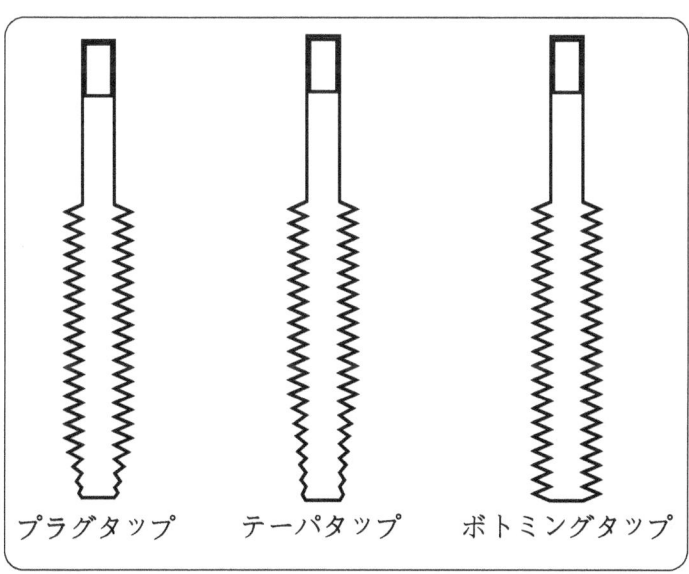

プラグタップ　　　テーパタップ　　　ボトミングタップ

メートル法ミリメートル、分数インチ、およびデシマルインチ換算早見表

最も近いデシマルインチ および分数インチでのミリメートル穴サイズ

例: *2 mm ドリル ビット - 最も近いインチ ドリル ビット 5/64 - 1.95 mm*

メートル法mm	分数インチ	最も近いミリメートル	デシマルインチ
2	5/64	1.95	0.078
3	1/8	3.1	0.125
4	5/32	3.9	0.156
5	13/64	5.1	0.188
5.5	7/32	5.57	0.219
6	15/64	5.9	0.234
6.5	1/4 or 17/64	6.3 or 6.7	0.248 or 0.267
7	9/32	7.1	0.281
7.5	19/64	7.54	0.297
8	5/16	7.9	0.313
8.5	21/64 0r 11/32	8.3 or 8.7	0.328 or 0.344
9	23/64	9.1	0.359
9.5	3/8	9.55	0.375
10	25/64	9.9	0.391
10.5	27/64	10.72	0.422
11	7/16	11.11	0.438
11.5	29/64	11.51	0.453
12	15/32 or 31/64	11.8 or 12.2	0.469 or 0.484
13	33/64	13.10	0.516
14	35/64	13.8	0.547

ねじ頭の例

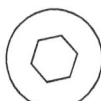
アレンキー、六角キー；
多くのサイズ

JIS B1012
（日本）

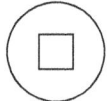
ロバートソン、スクエアヘッド
3つの市販サイズ

スロット付き
（マイナスネジ）

トリプルスクエア
またはXZN
4つの市販サイズ

トルクス

フリーソン
（十字ネジ）

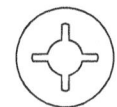
ポジドライブ、クアドレックス

フィリップス
（十字ネジ）

ボルトの頭部の例

グラブスクリュー

止めねじ

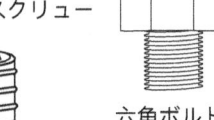
六角ボルト

刻み付き頭

マシンヘッド

皿頭

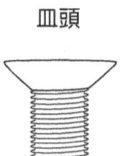

丸い頭部

分数インチ、デシマルインチおよびメートル法ミリメートル換算早見表

分数インチ	デシマルインチ	メートル法 mm
1/64	0.016	0.397
1/32	.031	.794
1/16	.063	1.588
1/8	.125	3.175
3/16	.188	4.763
1/4	.250	6.35
5/16	.313	7.938
3/8	.375	9.525
7/16	.438	11.113
1/2	.500	12.7
9/16	.563	14.288
5/8	.625	15.875
11/16	.688	17.463
3/4	.750	19.05
13/16	.813	20.638
7/8	.875	22.225
15/16	.938	23.813
1	1.0	25.4

デシマルインチ	分数インチ	メートル法 mm
0.0156	1/64	.397
.03124	1/32	.794
.0625	1/16	1.588
.125	1/8	3.175
.1875	3/16	4.762
.250	1/4	6.350
.3125	5/16	7.938
.375	3/8	9.525
.4375	7/16	11.112
0.5	1/2	12.7
.5625	9/16	14.386
.625	5/8	15.875
.6875	11/16	17.462
.750	3/4	19.050
.8125	13/16	20.638
.875	7/8	22.225
.9375	15/16	23.812
1.0	1	25.4

強化鋼製ボルトの最小引張強さ

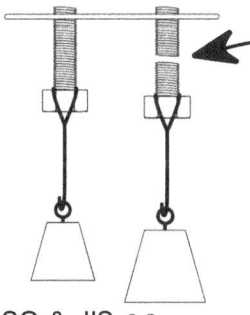

引張強度 − 素材が破断されずに耐えることができ最大引張り

度量衡

メトリック (ISO & JIS)		インペリアル (SAE)	
6.8 (マークなし)	400 MPa	SAE 2	60,000 psi
8.8	827 MPa	SAE 5	120,000 psi
10.9	1,034 MPa	SAE 8	150,000 psi

MPa = メガパスカル psi = 1 平方インチあたりのポンド

ISO & JIS 6.8 & SAE グレード 2 (マークなし)

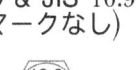

ISO & JIS 10.9 (マークなし)

SAE 8 (6本線マーク)

ISO & JIS 8.8 (マークなし)

SAE 5 (3本線マーク)

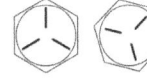

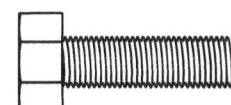

並目ねじ
メトリック: **1.5**
UNC: 16山/インチ

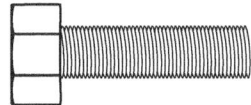

細目ねじ
メトリック: **1.25**
UNF: 24山/インチ

メモ

メモ

メモ

メモ

メモ

メモ

メモ

メモ

メモ

メモ

メモ

索引

索引

Marine Diesel Basics シリーズ

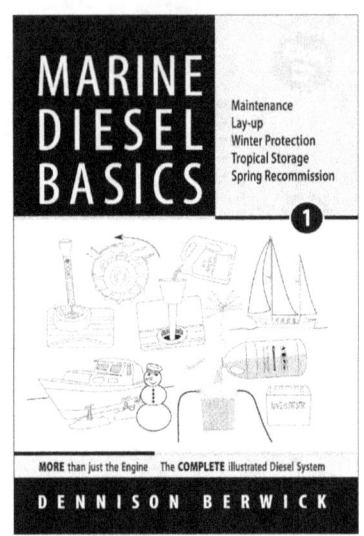

Marine Diesel Basics 1

- メンテナンス
- レイアップ
- 冬期保護
- トロピカル・ストレージ
- 春期リコミッション

- 350 以上の明瞭な図面
- 212 頁
- 第 2 版
- ペーパーバック、ハードカバー、
- 電子書籍、スパイラル製本
- **9,000 冊以上販売**

.... このテーマに関して私が今まで見てきた中で最高のガイド、この本はディーゼル装備のすべてのボートに備えるべきです。」
– Sail Magazine

「イラストがはっきりしているので、ディーゼルエンジンを始めたばかりの人には必須の資料です...強くお勧めします。」
– *Good Old Boat*

「最高のガイドです。」 – *Australian Sailing*

現在、英語版のみ、英和専門用語集付きです。

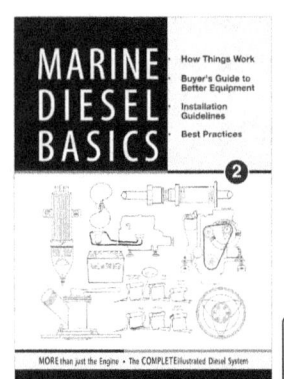

Marine Diesel Basics 2

- 作動原理
- より良い装備品のための購入者向けのガイド
- 設置ガイドライン
- ベストプラクティス
- 2000 以上の図面 ・500 頁

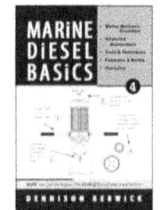
近刊

www.marinedieselbasics.com
- 2500 以上の無料マニュアル
- 無料のチェックリスト
- 無料の主要言語単語リスト

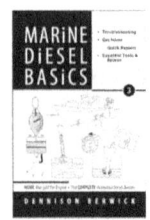

Marine Diesel Basics 3
- トラブルシューティング
- 家に帰って - クイック修理

Marine Diesel Basics 4
- 高度なメンテナンス
- ツールとテクニック

MDBブックショップ